T0208717

**essentials**

*essentials* liefern aktuelles Wissen in konzentrierter Form. Die Essenz dessen, worauf es als „State-of-the-Art" in der gegenwärtigen Fachdiskussion oder in der Praxis ankommt. *essentials* informieren schnell, unkompliziert und verständlich

- als Einführung in ein aktuelles Thema aus Ihrem Fachgebiet
- als Einstieg in ein für Sie noch unbekanntes Themenfeld
- als Einblick, um zum Thema mitreden zu können

Die Bücher in elektronischer und gedruckter Form bringen das Fachwissen von Springerautor*innen kompakt zur Darstellung. Sie sind besonders für die Nutzung als eBook auf Tablet-PCs, eBook-Readern und Smartphones geeignet. *essentials* sind Wissensbausteine aus den Wirtschafts-, Sozial- und Geisteswissenschaften, aus Technik und Naturwissenschaften sowie aus Medizin, Psychologie und Gesundheitsberufen. Von renommierten Autor*innen aller Springer-Verlagsmarken.

Weitere Bände in der Reihe https://link.springer.com/bookseries/13088

Sascha Stiegler

# Verbraucherschutz im E-Commerce

Rechtliche Rahmenbedingungen für den Warenverkauf im Internet

Sascha Stiegler
Erkner, Deutschland

ISSN 2197-6708  ISSN 2197-6716 (electronic)
essentials
ISBN 978-3-658-37319-1  ISBN 978-3-658-37320-7 (eBook)
https://doi.org/10.1007/978-3-658-37320-7

Die Deutsche Nationalbibliothek verzeichnet diese Publikation in der Deutschen Nationalbibliografie; detaillierte bibliografische Daten sind im Internet über http://dnb.d-nb.de abrufbar.

Planung/Lektorat: Vivien Bender
Springer Gabler ist ein Imprint der eingetragenen Gesellschaft Springer Fachmedien Wiesbaden GmbH und ist ein Teil von Springer Nature.
Die Anschrift der Gesellschaft ist: Abraham-Lincoln-Str. 46, 65189 Wiesbaden, Germany

# Was Sie in diesem *essentials* finden können

- rechtliche Grundlagen und Einordnung verbraucherschützender Regelungen im E-Commerce
- unternehmerseitige Darstellung-, Informations- und Dokumentationspflichten im E-Commerce
- Rechte des Verbrauchers bei Vertragsabschluss, -durchführung- und -beendigung.

# Vorwort

Nicht zuletzt aufgrund der anhaltenden Corona-Pandemie sind die Bedeutung und der Umfang des Online-Handels in den letzten Jahren stets gestiegen. Privatpersonen bestellen heutzutage eine Vielzahl von Waren als auch Bedarfsgüter im Internet über entsprechende Handelsplattformen. Auch für Vertriebsunternehmer ist das Online-Anbieten von Waren mittlerweile ein wesentlicher, wenn nicht sogar die Umsatzquelle. Aufgrund der physischen Abwesenheit zwischen Käufer und Verkäufer im Internet stellen sich im E-Commerce jedoch unweigerlich besondere, vom originären stationären Handel abweichende Rechtsfragen. Diese sind dabei regelmäßig eng mit der gesetzgeberischen Intention eines umfassenden Verbraucherschutzes verknüpft.

Der E-Commerce als Oberbegriff insbesondere des Online-Shoppings von Waren hat in diesem Zusammenhang in den letzten Jahren sowohl auf europäischer als auch auf nationaler Ebene eine immer zunehmende Regulierung erfahren, die dem Zweck dient, Verbraucher hinreichend beim Vertragsabschluss über das Internet, sei es am Computer oder auf dem Smartphone, zu schützen. Dabei ist das Verbraucherschutzrecht im E-Commerce immer mehr zu einer Spezialmaterie des deutschen Privatrechts geworden, welches aufgrund seiner Komplexität als auch Verzweigungen innerhalb des Bürgerlichen Gesetzbuchs nicht immer leicht zu fassen ist und den Rechtsanwender durchaus überfordern kann.

Das vorliegende Werk befasst sich daher mit dieser Spezialmaterie und geht dabei detailliert, aber auch leicht verständlich auf die zivilrechtlichen Besonderheiten des Verbraucherschutzes im E-Commerce ein. Es richtet sich insofern zum einen an die betroffenen Verbraucher als Kunden selbst, die einen Überblick über die ihnen zustehenden Rechte beim Online-Shopping erhalten.

Zum anderen richtet es sich an die entsprechenden Unternehmer als Verkäufer bzw. Händler über das Internet und wie diese in rechtskonformer Weise
zum Beispiel einen Online-Shop aufbauen und ihre Kunden hinreichend mit den
erforderlichen Informationen versorgen. Eingegangen wird dabei auch auf neuere
Rechtsentwicklungen in Bezug auf den Verbraucherschutz im E-Commerce wie
beispielsweise dem Erfordernis eines sog. Kündigungsbuttons oder aber dem
neuen Vertragsrecht über digitale Produkte, welches seit Beginn des Jahres 2022
Geltung erlangt.

Erkner                                              Prof. Dr. Sascha Stiegler, LL.M.
April 2022

# Inhaltsverzeichnis

# Einleitung 1

Nicht zuletzt aufgrund der anhaltenden Corona-Pandemie sind die Bedeutung und der Umfang des Online-Handels in den letzten Jahren kontinuierlich
gestiegen. Privatpersonen bestellen heutzutage eine Vielzahl von Waren als
auch Bedarfsgüter im Internet über entsprechende Handelsplattformen. Auch
für Vertriebsunternehmer ist das Online-Anbieten von Waren mittlerweile ein
wesentlicher, wenn nicht sogar die Umsatzquelle. Aufgrund der physischen
Abwesenheit zwischen Käufer und Verkäufer im Internet stellen sich im entsprechenden E-Commerce jedoch unweigerlich besondere, vom originären stationären
Handel abweichende Rechtsfragen. Diese sind dabei regelmäßig eng mit der
gesetzgeberischen Intention eines umfassenden Verbraucherschutzes verknüpft.

Der E-Commerce als Oberbegriff insbesondere des Online-Shoppings von
Waren hat in diesem Zusammenhang in den letzten Jahren sowohl auf europäischer als auch nationaler Ebene eine immer zunehmende Regulierung erfahren,
die dem Zweck dient, Verbraucher hinreichend beim Vertragsabschluss über das
Internet, sei es am Computer oder auf dem Smartphone, zu schützen. Dabei ist
das Verbraucherschutzrecht im E-Commerce immer mehr zu einer Spezialmaterie des deutschen Privatrechts geworden, welches aufgrund seiner Komplexität als
auch Verzweigungen innerhalb des Bürgerlichen Gesetzbuchs nicht immer leicht
zu fassen ist und den Rechtsanwender durchaus überfordern kann.

Vor allem das allgemeine (Online-)Verbrauchsgüterkaufrecht wurde im Jahr
2021 umfassenden Änderungen aufgrund der Anpassung an die neue Richtlinie „über bestimmte vertragsrechtliche Aspekte des Warenkaufs" unterzogen.
Auch die Richtlinie über vertragliche Aspekte in Bezug auf digitale Produkte
aus dem Jahr 2019 brachte mit Neueinfügung der §§ 327 ff. BGB eine neuen
Rechtsrahmen für Verbraucherverträge über digitale Inhalte und digitale Dienstleistungen. Schließlich erlangte im Juli 2022 mit § 312k BGB eine Neuregelung
zur Kündigung von Verbraucher-Dauerschuldverhältnissen im elektronischen

Geschäftsverkehr Geltung. Es zeigt sich also, dass der Verbraucherschutz im E-Commerce und die diesbezüglich einschlägigen gesetzlichen Regelungen im Fluss sind und stehts einer aktuellen Betrachtung aus rechtlicher Sicht bedürfen. In diesem Sinne umfasst dieses Essentials:

- rechtliche Grundlagen des Verbraucherschutzes im E-Commerce und tragende Begriffe
- rechtliche Einordnung verbraucherschützender Regelungen im E-Commerce
- Besonderheiten des Vertragsabschlusses im E-Commerce
- unternehmerseitige Darstellung-, Informations- und Dokumentationspflichten im E-Commerce
- Rechte des Verbrauchers bei Vertragsanbahnung, -durchführung- und -beendigung.

# Rechtliche und ökonomische Ausgangslage

**2**

Der normative Schutz von Verbrauchern als Kunden im E-Commerce mittels gesetzlicher Regelungen findet seine Grundlagen zum einen in der wachsenden Bedeutung des E-Commerce bzw. des Online bzw. Mobile-Shoppings und zum anderen in den im Rahmen des elektronischen Geschäftsverkehrs bestehenden Besonderheiten beim Vertragsanbahnung und -abschluss im Vergleich zu stationären Handel. Basierend darauf versteht sich das Verbraucherrecht im E-Commerce als Schutzrecht zugunsten des Verbrauchers.

## 2.1 Bedeutung und Dimensionen des E-Commerce

Online-Handel bzw. -Shopping ist mittlerweile ein fester Begriff und Bestandteil unseres alltäglichen Lebens. Sowohl aus Sicht des Kunden als auch aus unternehmerischer Perspektive spielt der E-Commerce daher eine kaum zu unterschätzende faktische als auch wirtschaftliche Rolle. Dies wurde aufgrund zeitweiser Schließungen des stationären Handels nochmals verstärkt.

### 2.1.1 Bedeutung des E-Commerce

Die Digitalisierung hat den Warenvertrieb maßgeblich verändert.[1] Er erfolgt losgelöst von Ort und Zeit. Auch Plattformanbieter wie Amazon oder eBay spielen mittlerweile eine große Rolle im E-Commerce-Recht und sind mit der seit Mai 2022 geltenden Regelung des § 312l BGB erstmals auch gezielt in die Pflicht

---

[1] Vgl. *Rohrßen,* ZVertriebsR 2021, 71.

3

genommen. Allein in Deutschland belief sich der durch den Online-Warenkauf im B2C-Geschäftsverkehr erzielte Gesamtumsatz auf circa 57,8 Mrd. EUR.[2] Die Bedeutung des E-Commerce im Verbraucherbereich nimmt dabei jährlich zu und durch die Corona-Pandemie wurde bei verschiedenen Handelsprodukten ein Zuwachs von bis zu 3000 % verzeichnet.[3] Die praktische Relevanz des Verbraucherschutzrechts im elektronischen Geschäftsverkehr ist daher enorm und kaum eine Privatperson hat wohl noch nichts „über das Internet" bestellt.

## 2.1.2  Begriff und Arten des E-Commerce

Der elektronische Geschäftsverkehr (E-Commerce) wird gemeinhin als der elektronische Handel im Sinne von Internet- oder Onlinehandel bezeichnet, der den Kauf und Verkauf von Waren oder Dienstleistungen über elektronische Verbindungen umfasst. E-Commerce ist dabei aber weit mehr als nur der Einzelhandel im Internet oder „Onlinehandel". Vielmehr umfasst der Begriff grundsätzlich alle Bestellungen von Waren oder Dienstleistungen jeglicher Art, die im oder über das Internet getätigt werden. Ökonomisch ist dabei vor allem der sog. Business-to-Customer-E-Commerce (B2C-E-Commerce) von Bedeutung. Gerade aber bei diesen findet sich oftmals ein Macht- und/oder Informationsgefälle zwischen dem Unternehmer als Verkäufer der Ware bzw. Bereitsteller von Dienstleistungen und dem Verbraucher als Käufer bzw. Empfänger der entsprechend „online" gekauften/erworbenen Gegenstände bzw. Leistungen.

Bestandteil des E-Commerce – und mittlerweile von erheblicher praktischer und ökonomischer Bedeutung – ist auch der sog. Mobile Commerce (M-Commerce). M-Commerce ist dabei eine spezielle Ausprägung des elektronischen Handels unter Verwendung drahtloser Kommunikation und mobiler Endgeräte, also insbesondere Smartphones.[4] Hierzu gehört beispielsweise auch das sog. In-App-Shopping.

Schließlich können je nach Ausgestaltung auch das sog. Click & Collect, d. h. der Vorgang, bei dem insbesondere der Vertragsabschluss nicht im Geschäft selbst, sondern im Fernabsatz erfolgt, die Abholung der bestellten Ware jedoch

---

[2] *Statista,* 2020 (https://de.statista.com/statistik/daten/studie/3979/umfrage/e-commerce-umsatz-in-deutschland-seit-1999/).

[3] *Sendcloud,* 2020 (https://www.sendcloud.de/corona-krise-im-e-commerce/).

[4] Zu den rechtlichen Besonderheiten beim M-Commerce Handbuch Multimedia-Recht/*Föhlich,* Teil 13.4 Rn. 118 ff.

im stationären Einzelhandelsgeschäft vollzogen wird, auch Bestandteile des E-Commerce beinhalten und damit die Regelungen über Verträge im elektronischen Geschäftsverkehr zur Anwendung kommen.[5]

## 2.2 Verbraucherschutz im elektronischen Geschäftsverkehr

Die so beschriebene Bedeutung und der Anwendungsbereich des E-Commerce machen den entsprechenden elektronischen Geschäftsverkehr insbesondere auch für Konsumenten als Verbraucher im rechtlichen Sinne immer beliebter. Aber auch für E-Commerce-Händler bzw. Verkäufer als Unternehmer im rechtlichen Sinne ist der Absatzweg insbesondere über das Internet ökonomisch äußerst attraktiv. Aus rechtlicher Perspektive stellt sich in diesem Zusammenhang aber sowohl auf deutscher als auch insbesondere auf europäischer Ebene schnell die Frage, wie Verbraucher beim Warenkauf im Internet tatsächlich in gleicher Weise geschützt werden können wie im stationären Handel. Insofern entwickelte sich im Laufe der Jahre ein spezielles Verbraucherschutzrecht für den elektronischen Geschäftsverkehr als Sondermaterie des deutschen Zivilrechts des BGB.

### 2.2.1 Ausgangs- und Gefährdungslage

Generell wird im Verbraucherschutzrecht angenommen, dass der Verbraucher als Kunde gegenüber dem Unternehmer als Verkäufer bzw. Händler die funktional schwäche Vertragspartei ist. Unternehmen können aufgrund ihrer Markstellung sowie professioneller Absatzstrategien die Vertragsparität einseitig zu ihren Gunsten verschieben und in diesem Zusammenhang die oftmals bestehende Unerfahrenheit von Verbrauchern ausnutzen.[6] Es besteht dabei ein faktisches Machtgefällen zwischen den Beteiligten. Dieses wird im E-Commerce noch dadurch verstärkt, dass sich zum einen die Vertragsparteien nicht physisch gegenüberstehen und zum anderen, dass der Verbraucher vor allem die Ware, die er zu kaufen beabsichtigt, nicht tatsächlich und „real" in Augenschein nehmen kann. Es fehlt für den Verbraucher daher die Möglichkeit der faktischen Überprüfbarkeit als Basis einer fundierten Kaufentscheidung. Im Vergleich zum Warenkauf im

---

[5] Vgl. *Fritz,* NJW 2021, 1697; *Stiegler,* JA 2021, 711.

[6] *Grunewald/Peifer,* Verbraucherschutz im Zivilrecht, Rn. 189.

stationären Handel ist im E-Commerce daher die Wahl-, Überprüfungs- und Entscheidungsfreiheit beschränkt und es besteht eine potenziell höhere Gefahr, dass der Verbraucher Täuschungen, Irreführungen und mangelnden Informationen in Bezug auf seine Kaufentscheidung unterliegt.

## 2.2.2 Europäisierung des Verbraucher-E-Commerce-Rechts

Das deutsche Zivilrecht steht seit Jahrzehnten unter erheblichem europäischen Einfluss und wird von diesem geprägt. Nicht nur das Verbraucherschutzrecht als solches, sondern speziell auch das Verbraucherrecht im E-Commerce beruht zu einem nicht unerheblichen Teil auf europäischem Recht. Dies hat zur Folge, dass das entsprechende deutsche Recht, welches auf europäischen Vorgaben basiert, mit dessen Wertungen und Auslegungen, ermittelt durch den Europäischen Gerichtshof (EuGH), im Einklang stehen muss. Im Zweifel kommt daher einer europarechtskonformen Auslegung im Grundsatz Vorrang zu. Liegt eine europäische Richtlinie dem nationalen Recht zugrunde, mithin eine richtlinienkonforme Auslegung. Bei Vorliegen einer planwidrigen Lücke aufgrund mangelhafter Richtlinienumsetzung besteht zudem die Möglichkeit einer richtlinienkonformen Rechtsfortbildung in Form entweder einer Analogie oder teleologischen Reduktion. Zumindest aus Perspektive des Bundesgerichtshofs (BGH) scheitert diese jedoch häufig am vermeintlich eindeutigen Wortlaut der deutschen Umsetzungsbestimmung.[7]

Die einschlägigen europäischen Vorgaben hinsichtlich des Verbraucherschutzes im E-Commerce, die insofern zu einem großen Teil eine europarechtskonforme Auslegung fordern, finden sich in zahlreichen europäischen Richtlinien.[8] Basis ist dabei die Fernabsatz-Richtlinie aus dem Jahr 1997. Diese sieht verschiedene Regelungen für den Schutz von Verbrauchern unter anderem bei Geschäften im Internet vor. Maßgebend das deutsche Recht beeinflussend war zudem die Verbrauchsgüterkauf-Richtlinie aus dem Jahr 1999. Mit dieser wurden umfassend Aspekte wie Mangelgewährleistung, Vertragsmäßigkeit und Garantien beim Kauf eines Verbrauchers von einem Unternehmer geregelt. Mit der Verbraucherrechte-Richtlinie aus dem Jahr 2011 wurde sodann die Fernabsatz-Richtlinie ersetzt und inhaltlich Aspekte vorvertraglicher Informationen und das Widerrufsrecht des Verbrauchers bei Fernabsatz- und Haustürgeschäften normiert.

---

[7] Vgl. nur BGH, Urteil vom 18.11.2020 – VIII ZR 78/20.

[8] Vgl. auch *Alexander/Jüttner*, Ad Legendum 2021, 300, 303 f.

Im Jahr 2019 wurden schlussendlich die Warenkauf-Richtlinie und die Digitale-Inhalte-Richtlinie erlassen. Vor allem die die Verbrauchsgüterkauf-Richtlinie seit 1. Januar 2022 ablösende Warenkauf-Richtlinie sieht sich dabei als Stärkung des Verbraucherschutzes im elektronischen Handel. Von Bedeutung im Rahmen des Verbraucherschutzes im E-Commerce sind ferner die E-Commerce-Richtlinie aus dem Jahr 2000 und die Preisangaben-Richtlinie aus dem Jahr 1998.

### 2.2.3  „Schutz durch Information"

Wie dargestellt, besteht für Privatpersonen als Verbraucher mit dem Warenkauf im Internet eine erhöhte Gefährdungslage im Vergleich zum Kauf im stationären Einzelhandel. Anliegen des europäischen und damit auch des deutschen Verbraucherschutzrechtes ist es in diesem Zusammenhang, die bestehenden Informationsdefizite des Verbrauchers auszugleichen und auf diese Weise der rechtsgeschäftlichen Ungleichgewichtslage im B2C-E-Commerce abzuhelfen. Dabei stehen vor allem vorvertragliche und vertragliche Informationspflichten des Unternehmens im Zentrum der zivilrechtlichen Regulierung.[9]

Aufgrund dieses besonderen Schutzbedürfnisses von Verbrauchern im Online-Warenhandel statuiert das dabei einschlägige Verbraucherschutzrecht bestimmte, im Vergleich sowohl zum originären Kaufrecht als auch zum Verbraucherrecht im stationären Handel erweiterte, Regelungen, welche die rationale Entscheidung eines Verbrauchers beim Online-Kauf vor dem und beim Vertragsabschluss im Internet gewährleisten sollen. Hierbei bedient sich der deutsche Gesetzgeber dem sog. Informationsmodell mit der Prämisse „Schutz durch Information".[10] Das entsprechende Informationsmodell stellt dabei vor allem für den Unternehmer als Verkäufer (Online-Händler) zahlreiche, im Vergleich zum allgemeinen Kaufrecht zusätzliche, Verpflichtungen auf.

---

[9] *Gsell*, in: Eckpfeiler des Zivilrechts, Rn. K14.

[10] *Schürnbrand/Janal*, Examens-Repetitorium Verbraucherschutzrecht, § 1 Rn. 7.

# Grundbegriffe 3

Um die konkreten rechtlichen Gegebenheiten des Verbraucherschutzes beim E-Commerce darzustellen und erläutern zu können, ist es zunächst unabdingbar, Klarheit über die diesbezüglich maßgebenden Begrifflichkeiten zu erlangen.

## 3.1 Verbraucher

Zwingende Voraussetzung der Anwendbarkeit des entsprechenden Verbraucherschutzrechts im Rahmen des E-Commerce ist selbstverständlich, dass es sich um einen Verbraucher als beteiligte Person handelt, der von einem Unternehmen (Nicht-Verbraucher) einen Gegenstand/Ware zu erwerben beabsichtigt.[1] Der Begriff des Verbrauchers ist in § 13 BGB definiert.

**Verbraucher**
Jede natürliche Person, die ein Rechtsgeschäft zu Zwecken abschließt, die überwiegend weder ihrer gewerblichen noch ihrer selbständigen beruflichen Tätigkeit zugerechnet werden können.

Pointiert lässt sich daher sagen, dass es sich um einen Verbraucher handelt, wenn die entsprechende Person beabsichtigt, Waren/Sachen etc. für den Privatgebrauch anzuschaffen. Ein Verbraucher muss dabei, auch wenn dies der Regelfall ist, nicht zwingend natürlich Person sein. So können auch Bruchteilsgemeinschaft, eine Gesamthandgemeinschaft, eine Innen-GbR, eine eheliche Gütergemeinschaft oder die Erbengemeinschaft Verbraucher im Sinne des § 13 BGB sein.

---

[1] Siehe auch *Schmidt,* JuS 2006, 1.

© Der/die Autor(en), exklusiv lizenziert durch Springer Fachmedien Wiesbaden GmbH, ein Teil von Springer Nature 2022
S. Stiegler, *Verbraucherschutz im E-Commerce,* essentials,
https://doi.org/10.1007/978-3-658-37320-7_3

## 3.2    Unternehmer

„Unternehmer" ist der Gegenbegriff zum Verbraucherbegriff des § 13 BGB. Beide schließen sich daher voneinander aus. Der Begriff des Unternehmers ist in § 14 BGB definiert.

**Unternehmer**
Eine natürliche oder juristische Person oder eine rechtsfähige Personengesellschaft, die bei Abschluss eines Rechtsgeschäfts in Ausübung ihrer gewerblichen oder selbständigen beruflichen Tätigkeit handelt.

Dabei ist nach einer Gesamtbetrachtung auf das äußere Erscheinungsbild abzustellen.[2] Die Rechtsform, in der die Person bzw. die Gesellschaft auftritt, ist dabei so lange im Grundsatz unbeachtlich, wie nur sichergestellt ist, dass der/die Handelnde unternehmerisch tätig wird. § 14 Abs. 1 BGB bestimmt den Unternehmerbegriff in diesem Zusammenhang abstrakt von der Rolle, welche die zu qualifizierenden Person bei dem Geschäft einnimmt.[3] Im verbraucherschutzrechtlichen Kontext des E-Commerce kann man – vereinfacht und sofern die einzelnen genannten Begriffsvoraussetzungen kumulativ vorliegen – den bzw. einen Unternehmer indes als Anbieter von Waren über das Internet begreifen.

Weiterhin muss es sich um einen Verbrauchsgüterkauf handeln. Gemäß § 474 Abs. 1 S. 1 BGB sind Verbrauchsgüterkäufe „durch die ein Verbraucher von einem Unternehmer eine Ware (§ 241a Abs. 1 BGB) kauft". Waren im Sinne des § 241 Abs. 1 BGB sind dabei bewegliche Sache, die nicht auf Grund von Zwangsvollstreckungsmaßnahmen oder anderen gerichtlichen Maßnahmen verkauft werden. Für den Begriff der (beweglichen) Sache ist grundsätzlich auf den Sachbegriff des § 90 BGB abzustellen, wonach nur körperliche Gegenstände umfasst sind. Aufgrund richtlinienkonformer Betrachtung sind indes auch digitale Inhalte im Sinne der §§ 327 Abs. 2 S. 1 BGB („Daten, die in digitaler Form erstellt und bereitgestellt werden") grundsätzlich erfasst.[4] Ferner fallen auch Tiere aufgrund der Regelung des § 90a BGB in den Anwendungsbereich eines Verbrauchsgüterkaufs, was insbesondere im Rahmen des verstärkten Erwerbs von Haustieren in Pandemiezeiten über das Internet bzw. Online-Verkaufsplattformen von wachsender Bedeutung ist. Zudem erfasst vom Begriff des Verbrauchsgüterkaufs ist die Erbringung einer Dienstleistung seitens des Unternehmens im Zusammenhang mit dem Warenkauf.

---

[2] BGH, Urteil vom 11.07.2007 – VIII ZR 110/06.

[3] *Martens*, in BeckOK-BGB, § 14 Rn. 4.

[4] *Krebs*, in: NomosBGB, § 241a Rn. 25.

## 3.3  Elektronischer Geschäftsverkehr

Zudem muss es sich für die Anwendbarkeit der Regelungen zum Verbrauchsgüterkauf im E-Commerce um einen Vertrag im elektronischen Geschäftsverkehr
handelt. Was unter einem Vertrag im elektronischen Geschäftsverkehr zu verstehen ist, beschreibt § 312i Abs. 1 S. 1 BGB. Danach handelt es sich um einen
Vertrag im elektronischen Geschäftsverkehr, wenn sich „ein Unternehmer zum
Zwecke des Abschlusses eines Vertrags über die Lieferung von Waren oder über
die Erbringung von Dienstleistungen der Telemedien" bedient.

**Vertrag im elektronischen Geschäftsverkehr**
Ein Unternehmer bedient sich zum Zwecke des Abschlusses eines Vertrags über
die Lieferung von Waren oder über die Erbringung von Dienstleistungen der
Telemedien.

Waren sind dabei gemäß § 241a Abs. 1 BGB wiederum bewegliche Sachen,
die nicht auf Grund von Zwangsvollstreckungsmaßnahmen oder anderen gerichtlichen Maßnahmen verkauft werden. Hierzu gehören auch Gas und Strom[5]
oder Standardsoftware,[6] die über das Internet bestellt werden. Der Begriff der
Dienstleistung ist generell weit gefasst und umfasst beispielsweise auch Werk-,
Geschäftsbesorgungs-, Makler- sowie Versicherungsverträge.
    Gemäß § 1 Telemediengesetz (TMG) sind Telemedien elektronische
Informations- und Kommunikationsdienste, die in der Übertragung von Signalen
über Telekommunikationsnetze bestehen und keine telekommunikationsgestützte
Dienste oder Rundfunk sind. Der Begriff der Telemedien ist dabei generell weit
zu verstehen und umfasst grundsätzlich alle (Waren-)Vertragsabschlüsse über das
Internet, also „online". Nicht erfasst sind hingegen Vertragsabschlüsse per Telefon oder Fax. Der Begriff des elektronischen Geschäftsverkehrs ist insofern enger
als der des Fernabsatzvertrags gemäß § 312c Abs. 1 BGB. Im Umkehrschluss ist
jedoch grundsätzlich jeder über das Internet abgeschlossener Vertrag ein Fernabsatzvertrag (sowie ein Vertrag im elektronischen Geschäftsverkehr), sodass beide
Regelungskomplexe auf einen Online-Verbrauchsgüterkauf Anwendung finden.

---

[5] BGH, Beschluss vom 18.03.2009 – VIII ZR 149/08.
[6] BGH, Urteil vom 15.11.2006 – XII ZR 120/04.

# Rechtliche Einordnung des Online-Verbrauchsgüterkaufs

**4**

Die rechtliche Einordnung eines Online-Verbrauchsgüterkaufs als Instrumentarium des Verbraucherschutzes im E-Commerce ist durchaus komplex und zeichnet sich durch eine Vielzahl zum Teil nebeneinanderstehenden, zum Teil sich gegenseitig überlagernder Vorschriften aus. Im Folgenden wird zunächst die generelle Regelungssystematik des Online-Verbrauchsgüterkaufs erläutert und sodann die jeweils anwendbaren Normenkomplexe des BGB überblicksartig dargestellt.

## 4.1 Regelungssystematik

Wie bereits angesprochen, zeichnet sich die rechtliche Behandlung eines im Internet abgeschlossenen Verbrauchsgüterkaufs durch seine umfassende Verflechtung verschiedener Regelungsabschnitte innerhalb des Bürgerlichen Gesetzbuches (BGB) aus. Die entsprechenden, einzelnen Regelungskomplexe, aus denen sich insofern der Verbraucherschutz im E-Commerce herleiten lässt, stehen jedoch nicht losgelöst und unabhängig voneinander, sondern in einem gewissen Verhältnis zueinander. Das heißt dort, wo aufgrund der Beteiligung eines Verbrauchers als Vertragspartei und dem Abschluss des entsprechenden (Kauf-)Vertrags im Fernabsatzverkehr bzw. elektronischen Geschäftsverkehr eine spezifische hierfür anwendbare Regelung besteht, werden andere, allgemeinere Bestimmungen in Bezug auf den entsprechenden Regelungspunkt verdrängt oder ergänzt. Bestehen insofern allerdings keine materiellen Überschneidungen, kommt es vielmehr zu einer reinen Ergänzung, d. h. beispielsweise die Regelungen der §§ 474 ff. BGB und der §§ 312c ff. BGB kommen zusätzlich zur Anwendung. Dies kann allerdings in der Praxis zu einer nicht zu unterschätzenden Komplexität führen, da eine Vielzahl von Normen und Regelungskomplexen zu berücksichtigen und anzuwenden sind. Die angesprochene Ergänzung und teilweise

S. Stiegler, *Verbraucherschutz im E-Commerce*, essentials, https://doi.org/10.1007/978-3-658-37320-7_4

Überlagerung verwirklicht sich beim Verbrauchsgüterkauf im elektronischen Geschäftsverkehr dabei an verschiedenen Stellen im Gesetz mit der Konsequenz, dass einige der grundsätzlichen Wertungen des BGB-Kaufrechts vom spezielleren Online-Verbrauchsgüterkaufrecht zum Teil verdrängt werden, mithin vorrangig zu beachten sind.

## 4.2 Anwendbare Bestimmungen

Das verbraucherschutzbezogene Recht des E-Commerce bzw. bei einem Online-Verbrauchsgüterkauf unterliegt einer Vielzahl verschiedener gesetzlicher Bestimmungen innerhalb des Privatrechts. Dies kann insofern die Rechtsanwendung erschweren, da sich an unterschiedlichen Stellen innerhalb des BGB Regelungen finden, die zur Anwendung kommen. Diese anwendbaren Bestimmungen beziehen sich dabei zunächst, im Falle eines Warenkaufs, auf das allgemeine Kaufrecht der §§ 433 ff. BGB. Zudem kommen die Regelungen des Verbrauchsgüterkaufs gemäß den §§ 474 ff. BGB, die Bestimmungen in Bezug auf einen Verbrauchervertrag (§§ 312 ff. BGB), die Regelungen der §§ 312c ff. BGB zum Fernabsatzvertrag sowie die Bestimmungen zum Vertrag im elektronischen Geschäftsverkehr zur Geltung.[1]

Zudem wurde basierend auf der Richtlinie über bestimmte vertragsrechtliche Aspekte des Warenkaufs (Richtlinie (EU) 2019/771) sowie der Richtlinie über bestimmte vertragsrechtliche Aspekte der Bereitstellung digitaler Inhalte und digitaler Dienstleistungen (Richtlinie (EU) 2019/770) am 25. Juni 2021 u. a. das „Gesetz zur Regelung des Verkaufs von Sachen mit digitalen Elementen und anderer Aspekte des Kaufvertrags" erlassen.

## 4.2.1 Allgemeines Kaufrecht

In Bezug auf den Kauf von Waren gelten zunächst grundsätzlich unabhängig davon, ob diese online im Rahmen des E-Commerce oder offline im stationären Handel gekauft und erworben werden, die allgemeinen kaufrechtlichen Bestimmungen der §§ 433 ff. BGB. Diese regeln insbesondere die grundlegenden vertragstypischen Pflichten der Kaufvertragsparteien, die Voraussetzungen für das

---

[1] *Stiegler,* JA 2021, 624, 625.

Vorliegen eines sog. Sach- bzw. Produktmangels und die verschiedenen gesetzlichen Gewährleistungsrechte des Käufers bei Mangelhaftigkeit der gekauften Waren.

Die §§ 433 ff. BGB gelten dabei auch unabhängig davon, ob es sich um eine Verbrauchervertrag handelt, also ein Verbraucher beabsichtigt ein Waren zu erwerben. Für den Verbraucherschutz im E-Commerce bedeutet dies, dass die Regelungen des allgemeinen Kaufrechts der §§ 433 ff. BGB dann zur Anwendung kommen, wenn keine spezielleren Bestimmungen, insbesondere in Bezug auf die Verbrauchereigenschaft des Käufers und/oder dem nicht im stationären Handel abgeschlossenen Vertrag, einschlägig sind.

## 4.2.2 Verbrauchsgüterkaufrecht

Ist der Käufer ein Verbraucher, kommen zusätzlich die Vorschriften der §§ 474 ff. BGB zum Verbrauchervertrag zur Geltung. Auch diese gelten unabhängig davon, ob die Ware online im Rahmen des E-Commerce oder offline im stationären Handel erworben wird. Verbrauchsgüterkäufe sind dabei gemäß § 474 Abs. 1 S. 1 BGB Verträge, durch die ein Verbraucher von einem Unternehmer eine bewegliche Sache kauft. Um einen Verbrauchsgüterkauf handelt es sich auch bei einem Vertrag, der neben dem Verkauf einer beweglichen Sache die Erbringung einer Dienstleistung durch den Unternehmer zum Gegenstand hat. Die Anwendbarkeit des Verbrauchsgüterkaufrechts bewirkt dabei, dass verschiedene Bestimmungen des allgemeinen Kaufrechts der §§ 433 ff. BGB nicht bzw. nur in modifizierter Form anwendbar sind. Zudem kann gemäß § 476 Abs. 1 BGB beim Verbrauchsgüterkauf sich ein Verkäufer zum Beispiel nicht auf eine getroffene Vereinbarung berufen, die zum Nachteil des Verbrauchers von dessen gesetzlichen Gewährleistungsrechten abweicht. Insbesondere Abweichungen von den Bestimmungen der §§ 433 ff. BGB im Rahmen von verkäuferseitigen AGB sind daher nur eingeschränkt zulässig und möglich. Wenn Zweifel daran bestehen, ob eine Person einen Gegenstand für sich privat oder für sein Unternehmen bzw. in gewerblicher Funktion erwirbt, ist grundsätzlich ein Verbrauchsgüterkauf anzunehmen.[2]

---

[2] BGH, Urteil vom 10.11.2021 – VIII ZR 187/20.

## 4.2.3  Verbrauchervertrag

Weiterhin bestehen bestimmte gesetzliche Sonderregelungen speziell für „Verbraucherverträge". Im Rahmen der hier interessierten Bestimmungen zu verbraucherschützenden Regelungen im E-Commerce ist dabei in erster Linie die Eingangsnorm des § 312 Abs. 1 BGB von Relevanz. Danach sind die nachfolgenden Bestimmungen grundsätzlich nur dann anzuwenden, wenn sich der Verbraucher zu der Zahlung eines Preises verpflichtet. Wie die bis zum 31.12.2021 geltende Fassung des § 312 Abs. 1 BGB verdeutlicht, geht es dabei insbesondere um entgeltliche Leistungen des Unternehmers gegenüber dem Verbraucher. Erfasst sind daher generell Leistungen, die einen bestimmten Marktwert haben, also nicht zwingend Geldleistungen sind, sowie Leistungen an Dritte.[3]

## 4.2.4  Fernabsatzvertrag

Obgleich Bestandteil des Verbrauchervertragsrechts der §§ 312 ff. BGB, bestehen zusätzlich noch besondere gesetzliche Bestimmungen für den Fall, dass es sich um einen sog. Fernabsatzvertrag handelt. Gemäß § 312c Abs. 1 BGB sind Fernabsatzverträge „Verträge, bei denen der Unternehmer oder eine in seinem Namen oder Auftrag handelnde Person und der Verbraucher für die Vertragsverhandlungen und den Vertragsschluss ausschließlich Fernkommunikationsmittel verwenden, es sei denn, dass der Vertragsschluss nicht im Rahmen eines für den Fernabsatz organisierten Vertriebs- oder Dienstleistungssystems erfolgt." Der in diesem Zusammenhang verwendete Begriff des Fernkommunikationsmittels ist in § 312c Abs. 2 BGB definiert. Es handelt sich dabei um „alle Kommunikationsmittel, die zur Anbahnung oder zum Abschluss eines Vertrags eingesetzt werden können, ohne dass die Vertragsparteien gleichzeitig körperlich anwesend sind, wie Briefe, Kataloge, Telefonanrufe, Telekopien, E-Mails, über den Mobilfunkdienst versendete Nachrichten (SMS) sowie Rundfunk und Telemedien". Unter einem Fernabsatz versteht man demnach sowohl den herkömmlichen Verkauf über den Versandhandel als auch die modernen Vertriebsformen des E-Commerce wie den Verkauf via Internet oder E–Mail, Teleshopping, Telefon etc. Zentrales Merkmal des Fernabsatzes ist, dass die Vertragsparteien bei Vertragsschluss nicht physisch aufeinandertreffen. Das Gesetz differenziert jedoch nicht danach, ob es

---

[3] *Stiegler,* VuR 2021, 443, 445.

sich um einen Vertragsabschluss unter Anwesenden (z. B. am Telefon) oder unter Abwesenden (z. B. online) handelt.[4]

Weitere Voraussetzung, damit ein Fernabsatzvertrag im Sinne des § 312c Abs. 1 BGB vorliegt, ist, dass für den Vertragsabschluss ausschließlich Fernkommunikationsmittel verwendet werden. Trotz (partieller) Verwendung eines der o. g. Fernkommunikationsmittel liegt demnach dann kein Fernabsatzvertrag vor, wenn zwar der Vertragsantrag des Verbrauchers z. B. online oder per Telefon erklärt wird, die Bestellung vom Unternehmer als Verkäufer jedoch vor Ort im Ladengeschäft im Rahmen eines sog. Click & Collect-Modells (offline) erst angenommen wird.[5]

Weitere Voraussetzung für das Vorliegen eines Fernabsatzvertrags ist das Bestehen eines „organisierten Vertriebs- oder Dienstleistungssystems". Das entsprechend organisierte Vertriebs- oder Dienstleistungssystem hat dabei nicht nur generell vorzuliegen, sondern muss sich zwingend auf den Vertragsabschluss im Fernabsatz, also im E-Commerce, beziehen. Für das Vorliegen eines für den Fernabsatz organisierten Vertriebs- oder Dienstleistungssystems ist es zunächst erforderlich, dass der Unternehmer die personelle, sachliche und organisatorische Ausstattung geschaffen hat, um regelmäßig Geschäfte im Fernabsatz zu bewältigen. Dabei hat grundsätzlich der Verkäufer darzulegen und zu beweisen, dass der Vertragsabschluss nicht im Rahmen eines für den Fernabsatz organisierten Vertriebs- oder Dienstleistungssystems erfolgt.[6] An die Organisation des Vertriebssystems sind allerdings keine hohen Anforderungen zu stellen. Gefordert wird nur eine planmäßige und regelmäßige Abwicklung über den Fernabsatz. Die Grenze zum organisierten Fernabsatzsystem ist auf jeden Fall dann überschritten, wenn der Verkäufer seine Waren nicht nur gelegentlich versendet bzw. online anbietet, sondern systematisch auch mit dem Angebot telefonischer oder Online-Bestellungen der Waren wirbt.

## 4.2.5 Vertrag im elektronischen Geschäftsverkehr

Zusätzlich zur Anwendbarkeit der Regelungen zum Verbraucher-Fernabsatzvertrag kommen im E-Commerce, als beim Online-Kauf, die gesetzlichen Bestimmungen für Verträge im elektronischen Geschäftsverkehr zur Anwendung. Gemäß § 312i Abs. 1 S. 1 BGB handelt es sich um einen Vertrag im elektronischen Geschäftsverkehr, wenn

---

[4] *Glossner,* in: Münchener Anwaltshandbuch IT-Recht, Teil 5.1 Rn. 203.
[5] In diesem Sinne *Martens,* in: BeckOK BGB, § 312c Rn. 26 f.
[6] BGH, Beschluss vom 19.11.2020 – IX ZR 133/19.

sich „ein Unternehmer zum Zwecke des Abschlusses eines Vertrags über die Lieferung von Waren oder über die Erbringung von Dienstleistungen der Telemedien"
bedient. Telemedien sind dabei gemäß § 1 TMG elektronische Informations- und
Kommunikationsdienste, die in der Übertragung von Signalen über Telekommunikationsnetze bestehen und keine telekommunikationsgestützte Dienste oder Rundfunk
sind. Der Begriff der Telemedien ist dabei generell weit zu verstehen und umfasst
grundsätzlich alle Vertragsabschlüsse über das Internet. Nicht erfasst sind hingegen
Vertragsabschlüsse insbesondere per Telefon oder Fax.

Aber auch dann, wenn insofern ein Vertrag im elektronischen Geschäftsverkehr gemäß § 312i Abs. 1 S. 1 BGB vorliegt, bedarf es einer differenzierten
(rechtlichen) Betrachtung hinsichtlich des konkret verwendeten Telemediums,
insbesondere z. B. über das Internet („Online-Shop") oder mittels WhatsApp
bzw. vergleichbarer Messangerdienste. Ob dabei entsprechend internetbasierte
Dienste wie WhatsApp überhaupt eine Telemedium im Sinne des § 1 TMG
darstellen, ist derzeit noch umstritten.[7] Unter der Prämisse, dass insbesondere
Messangerdienste ein Telemedium darstellen können, liegt der Grund für eine entsprechende Unterscheidung in der Bestimmungen des § 312i Abs. 2 S. 1 BGB,
wonach einzelne Verkäuferpflichten keine Geltung erlangen, wenn der Vertrag
„ausschließlich durch individuelle Kommunikation geschlossen wird". In Fällen
der individuellen Kommunikation sieht der Gesetzgeber die spezifischen Besonderheiten des Vertragsabschlusses im elektronischen Geschäftsverkehr als nicht
gegeben an, weil sich der Unternehmer hier nicht an eine unbegrenzte Zahl nicht
individualisierter Kunden wendet. Die Ausnahme des § 312i Abs. 2 S. 1 BGB
setzt allerdings voraus, dass der Kaufvertrag ausschließlich durch individuelle
Kommunikation geschlossen wird. Die gesamte Kommunikation, d. h. sowohl
Vertragsabschluss als auch Vertragsanbahnung muss zielgerichtet zwischen Verkäufer und Käufer erfolgt sein. Ausschließlichkeit ist dabei bereits dann nicht
gegeben, wenn der Rahmen der individuellen Kommunikation verlassen wird,
z. B. durch Verlinkung vertragsrelevanter Informationen auf einer Webseite.

### 4.2.6  Vertrag über digitale Produkte und Waren mit digitalen Inhalten

Die Richtlinie über bestimmte vertragsrechtliche Aspekte der Bereitstellung digitaler Inhalte und digitaler Dienstleistungen aus dem Jahr 2019 erforderte neben

---

[7] Siehe *Martini*, in: BeckOK Informations- und Medienrecht, § 1 TMG Rn. 13 ff.

der Änderung bzw. Anpassung des Kaufvertrags- und Verbrauchsgüterkaufrechts auch eine spezielles Rechtsregime für sog. Verbraucherverträge über digitale Produkte. Dem ist der deutsche Gesetzgeber mit Neueinfügung der §§ 327 ff. BGB zu Beginn des Jahres 2022 nachgekommen. Gemäß § 327 Abs. 1 BGB sind die Neuregelung dabei nur auf Verbraucherverträge anwendbar, die die Bereitstellung digitaler Produkte durch den Unternehmer gegen Zahlung eines Preises zum Gegenstand haben. Um was für eine Vertragsart es sich dabei handelt, ist grundsätzlich unerheblich und es sind insofern nicht nur Kaufverträge erfasst.[8] Nach § 327 Abs. 1 S. 2 BGB kann der Preis auch eine digitale Darstellung eines Wertes sein, also z. B. eine Kryptowährung.

Gegenstand der Bereitstellung sind digitale Inhalte oder digitale Dienstleistungen („digitale Produkte"). Digitale Inhalte sind dabei gemäß § 327 Abs. 2 S. 1 BGB Daten, die in digitaler Form erstellt und bereitgestellt werden. Digitale Dienstleistungen sind gemäß § 327 Abs. 2 S. 2 BGB Dienstleistungen, die dem Verbraucher die Erstellung, Verarbeitung oder Speicherung von Daten in digitaler Form oder den Zugang zu solchen Daten ermöglichen oder die gemeinsame Nutzung der Daten oder sonstige Interaktionen mit diesen ermöglichen.

Gemäß § 327c Abs. 1 BGB kann der Verbraucher den Vertrag beenden, wenn der Unternehmer einer fälligen Verpflichtung zur Bereitstellung auf Aufforderung des Verbrauchers nicht unverzüglich nachkommt. Der Unternehmer hat dabei die digitalen Produkte frei von Produkt- und Rechtsmängeln bereitzustellen. Digitalen Produkte müssen daher stets mangelfrei sein. Sofern der Unternehmer diese Verpflichtung nicht hinreichend erfüllt, beinhalten die §§ 327d ff. BGB die im Grundsatz aus dem Kaufrecht bekannten Gewährleistungsrecht. Gemäß § 327e Abs. 1 BGB ist ein digitales Produkt frei von Produktmängeln, wenn es im maßgeblichen Zeitpunkt den objektiven Anforderungen, den subjektiven Anforderungen sowie den Integrationsanforderungen entspricht. Der maßgebliche Zeitpunkt ist dabei der Zeitpunkt der Bereitstellung i. S. v. § 327b BGB.

§ 327 f. BGB enthält eine selbständige Verpflichtung des Unternehmers zur Aktualisierung („Update") digitaler Produkte. Diese besteht selbst dann, wenn sich der Vertrag in einem einmaligen Leistungsaustausch erschöpft.[9] Upgrades im Sinne von technischen oder inhaltlichen Verbesserungen des digitalen Produkts sind hingegen nach herrschender Auffasung nicht von der Aktualisierungspflicht umfasst.[10] Der Zeitraum, während dessen der Unternehmer zu Aktualisierungen

---

[8] Vgl. auch *Spindler,* MMR 2021, 451.

[9] *Weiß,* ZVertriebsR 2021, 208, 211.

[10] *Möllnitz,* MMR 2021, 116, 117; *Spindler,* MMR 2021, 451, 455.

verpflichtet ist, entspricht im Falle einer dauerhaften Bereitstellung dem Bereit-stellungszeitraum. Vor allem die Frage wie der Unternehmer dem Verbraucher über das Zurvefügungstehen eines neuen Updates zu informieren hat, ist bislang noch nicht geklärt. Aus grafisch-visueller Sicht könnte sich dabei vor allem an den Vorgaben des § 312j Abs. 2 BGB („klar und verständlich in hervorgehobe-ner Weise") und § 312k Abs. 2 S. 4 BGB („unmittelbar und leicht zugänglich") orientiert werden.

# Vertragsabschluss im E-Commerce

5

Zwar gilt auch in Bezug auf den Abschluss eines Vertrags über das Internet bzw. im E-Commerce grundsätzlich das allgemeine Recht betreffend Vertragsabschlüsse unter Abwesenden, jedoch bestehen Besonderheiten dergestalt, dass zu ermitteln ist, wie und wann genau ein Angebot und wie und wann genau eine Annahme dieses Angebots vorliegt. Hierbei bestehen im E-Commerce durchaus Besonderheiten. Dies gilt auch für die Frage, wie sich der Verbraucher von seiner einmal wirksam abgegebenen Willenserklärung nachträglich wieder lösen kann.

## 5.1 Grundlagen der allgemeinen Vertragsabschlusslehre

Auch beim „Shopping" im E-Commerce, also insbesondere den hier thematisierten Online-Verbrauchsgüterkauf, ist rechtliche Grundvoraussetzung für den Erwerb des entsprechend im Internet bestellten Gegenstandes ein wirksam zwischen den Parteien, also dem Verbraucher auf der einen Seite und den Unternehmen/Händler auf der anderen Seite, abgeschlossener Vertrag. Das BGB als einschlägige Gesetzesgrundlage enthält dabei aber weder generell noch in Bezug auf den Vertragsabschluss im E-Commerce eine Definition des Begriffs „Vertrag". Es besteht jedoch generelle Einigkeit darüber, dass ein Vertrag eine Willensübereinkunft zwischen zwei oder mehreren (natürlichen und/oder juristischen) Personen voraussetzt. Eine solche Willensübereinkunft setzt dabei das Vorhandensein mindestens einer Willenserklärung jedes Beteiligten voraus.

Ein Vertrag als rechtliche Voraussetzung für Leistungs- und Gegenleistungspflichten (im E-Commerce) besteht dabei nach einer allgemeinen Formel aus mindestens zwei übereinstimmenden, auf dieselben Rechtsfolgen gerichteten Willenserklärungen. Beim Kaufvertrag werden die entsprechenden Willenserklärungen als Angebot und Annahme bezeichnet. Das Angebot als zeitlich erste

S. Stiegler, *Verbraucherschutz im E-Commerce*, essentials, https://doi.org/10.1007/978-3-658-37320-7_5

Willenserklärung muss dabei der anderen Partei zugehen. Wird das entsprechende Angebot vom Empfänger angenommen, ist der Kaufvertrag zustande gekommen und die Vertragsparteien sind grundsätzlich daran gebunden.

## 5.2    Vertragsabschluss im E-Commerce

Die umrissenen, grundsätzlichen Regelungen der allgemeinen Vertragsabschluss-lehre gelten im Grundsatz in gleicher Weise auch für den Vertragsabschluss im E-Commerce bzw. Internet. Aufgrund des Umstandes, dass sich Käufer und Ver-käufer als zukünftige Vertragspartner jedoch nicht gegenüberstehen, stellt sich die Frage, wer und wann überhaupt eine Willenserklärung in Form eines Angebotes abgibt und wann und wie die Gegenseite dieses Angebot sodann annimmt.

### 5.2.1   „Invitatio ad offerendum"

Zunächst könnte man vermuten, dass bereits die Anpreisung von Waren und Dienstleistungen über das Internet bzw. eine Online-Handelsplattform und die entsprechende Befüllung des virtuellen Warenkorbs ein „Angebot" im rechtli-chen Sinne durch den Verkäufer als Händler bzw. Betreiber der Handelsplattform darstellt. Dies ist jedoch in aller Regel nicht der Fall. Vielmehr wird das sich an Kunden gerichtete Warenangebot auf einer Internetseite als eine Art virtuelles Schaufenster betrachtet mit der Folge, dass darin grundsätzlich nur eine Auf-forderung zur Abgabe eines Angebots als Willenserklärung durch den Verkäufer (sog. „invitation ad offerendum") vorliegt.[1] Hintergrund ist dabei auch, dass da sich der Händler die Entscheidung über den Vertragsschluss regelmäßig selbst vorbehalten will, insbesondere vor dem Hintergrund möglicherweise begrenzter Lieferfähigkeit oder fehlender Bonität des Kunden.

### 5.2.2  Angebot

Stellt also das Warenangebot des Verkäufers noch keine Willenserklärung im vertragsrechtlichen Sinne dar, wird ein rechtswirksames Angebot zum Abschluss eines Kaufvertrags über das Internet in der Regel vom Käufer als Besteller der

---

[1] BGH, Urteil vom 16.10.2012 – X ZR 37/12.

Ware als Verbrauchsgut abgegeben. Das entsprechende Angebot des Verbrauchers als Willenserklärung braucht der Unternehmer als Verkäufer dann nur noch anzunehmen und der Online-Kaufvertrag ist wirksam abgeschlossen. Der Zeitpunkt, zu welchem der Verbraucher genau seine entsprechend verbindliche Willenserklärung zum Kauf der Ware bzw. des Produkts abgegeben hat, ist im E-Commerce bzw. beim Online-Verbrauchsgüterhandel heutzutage dabei unkompliziert festzustellen. Hintergrund ist die auf europäischen Recht beruhende Regelung des § 312j Abs. 3 S. 1 BGB. Danach hat der Unternehmer im elektronischen Geschäftsverkehr gegenüber Verbrauchern die Bestellsituation so zu gestalten, dass der Verbraucher mit seiner Bestellung ausdrücklich bestätigt, dass er sich zu einer Zahlung verpflichtet. Dies impliziert im Ergebnis, dass der Verbraucher seine Willenserklärung als Angebot per Mausklick oder Fingertipp an eine elektronische Empfangsvorrichtung oder Schaltfläche abgibt.[2]

Damit eine Willenserklärung wirksam wird, muss sie dem Empfänger allerdings noch zugehen. Bei elektronischen Mitteilungen im Rahmen eines Online-Verbrauchsgüterkaufs gelangt die Willenserklärung des Verbrauchers grundsätzlich mit Speicherung im elektronischen Bestellsystem des Verkäufers bzw. Onlinehändlers in dessen Machtbereich.[3] Der kaufwillige Verbraucher kann dabei insofern vom wirksamen Zugang seines Angebots ausgehen, wie er eine elektronische Bestellbestätigung (in der Regel per E-Mail) unverzüglich nach Bestellabschluss vom Verkäufer erhalten hat, wozu dieser gesetzlich verpflichtet ist.

## 5.2.3 Annahme

Das ordnungsgemäß zugegangene Angebot des Verbrauchers als Willenserklärung zum Abschluss eines Online-Verbrauchsgüterkaufs muss aber noch vom Unternehmer als Verkäufer der Ware angenommen werden. Durch die entsprechende Annahmeerklärung, die ebenfalls der anderen Vertragspartei zugehen muss, hat der Verkäufer zum Ausdruck zu bringen, dass er mit dem Abschluss des Vertrags in dieser Form und zu diesem Inhalt einverstanden ist und sich gegen Zahlung des Kaufpreises verpflichtet, die Ware dem Verbraucher zu liefern. Grundsätzlich kann die als Angebotsannahme des Verkäufers zu wertend Äußerung dabei auch konkludent, d. h. durch schlüssiges Verhalten, vollzogen werden. Dies ist beispielsweise der Fall beim Versand der Ware durch den Verkäufer. Die abzugebende Bestellbestätigung soll aus Sicht des Verkäufers allerdings in der Regel

---

[2] *Taeger/Kremer,* Recht im E-Commerce und Internet, Kap. 2 Rn. 29.
[3] *Wertenbruch,* JuS 2020, 481, 483.

noch keine Angebotsannahme darstellen. Um dies sicherzustellen, ist jedoch auf die Formulierung innerhalb der nach § 312i Abs. 1 S. 1 Nr. 3 BGB anzugebenden Bestellbestätigung zu achten.[4]

In der Tat sind die Bestellbestätigungen von Online-Händlern häufig auch nur als solche zu verstehen[5] und es wird im Fall von Amazon beispielsweise ausgeführt: *„Diese E-Mail dient lediglich der Bestätigung des Einganges Ihrer Bestellung und stellt noch keine Annahme Ihres Angebotes auf Abschluss eines Kaufvertrages dar."* Vielmehr stellt dann die Versandbestätigung (per E-Mail) konkludent die finale Annahme des Angebots des Verbrauchers als Käufer als Willenserklärung dar und der Vertrag ist endgültig zustande gekommen.[6] So spezifiziert beispielsweise auch wiederum Amazon wie folgt: *„Ihr Kaufvertrag für einen Artikel kommt zu Stande, wenn wir Ihre Bestellung annehmen, indem wir Ihnen eine E-Mail mit der Benachrichtigung zusenden, dass der Artikel an Sie abgeschickt wurde."*

## 5.3 Loslösung von vertragsbegründenden Willenserklärungen

Auch wenn vermeintlich über das Internet einmal ein Vertrag abgeschlossen wurde, bedeutet dies nicht zwangsläufig, dass ein Verbraucher zwingend und unumgänglich langfristig an diesen Vertrag gebunden ist. Vielmehr sieht das geltende Privatrecht sowohl allgemein als auch in Bezug speziell auf den Vertragsabschluss im E-Commerce verschiedene Möglichkeiten (als Ausnahmen) vor allem für den Verbraucher vor, sich im Nachhinein vom Vertrag bzw. seiner in diesem Zusammenhang abgebenen Willenserklärung wieder zu lösen.

### 5.3.1 Vertragsanfechtung

Da es sich auch beim Online-Kauf im Rahmen des E-Commerce um einen Vertragsabschluss mittels Willenserklärungen der Beteiligten handelt, kommt das allgemein zivilrechtliche Grundprinzip der Anfechtungsmöglichkeit von Willenserklärungen bei Irrtümern und arglistiger Täuschung zur Geltung. Im Rahmen des Vertragsabschlusses im E-Commerce sind dabei vor allem Fallkonstellationen denkbar, wo

---

[4] *Glossner,* in: Münchener Anwaltshandbuch IT-Recht, Teil 2 Rn. 47.

[5] Vgl. auch AG München, Urteil vom 04.02.2010 – 281 C 27753/09.

[6] *Taeger/Kremer,* Recht im E-Commerce und Internet, Kap. 2 Rn. 38.

- entweder der Verbraucher oder der Unternehmer bei der Abgabe seiner jeweiligen Willenserklärung einem Irrtum unterliegt,
- es zu einem Fehler bei der Datenübertragung kommt, oder
- ein Hard- oder Softwarefehler vorliegt.[7]

Liegt insbesondere ein Irrtum des Verbrauchers hinsichtlich seiner abgegebenen Willenserklärung vor, kann dieser seine Willenserklärung im Nachhinein gemäß § 119 BGB anfechten mit der Konsequenz, dass der Online abgeschlossene Vertrag dann als von Anfang an nichtig zu werten ist. Regelmäßig in der Praxis problematisch ist dabei jedoch, dass der Verbraucher, der die Anfechtung aufgrund Irrtums geltend machen will, dies vollumfänglich nachzuweisen hat. Er hat also zu beweisen, dass tatsächlich entweder ein Erklärungs-, Inhalts- oder Eigenschaftsirrtum vorlag, was im Nachgang häufig schwer fällt.

## 5.3.2 Vertragsrücktritt aufgrund Mangels

Eine weitere Möglichkeit, sich im Nachhinein von dem Online abgeschlossenen Kaufvertrag wieder zu lösen, ist der Rücktritt vom Vertrag aufgrund Bestehens eines Mangels bei der Kaufsache. Voraussetzung dafür ist allerdings, dass ein Sachmangel im Sinne des § 434 BGB vorliegt. Zudem kann der Verbraucher grundsätzlich nur dann vom Vertrag in diesem Zusammenhang wieder zurücktreten, wenn im Sinne des § 323 Abs. 1 BGB der sog. Vorrang der Nacherfüllung beachtet wurde, d. h. der Verbraucher gegenüber dem Unternehmer erfolglos eine angemessene Frist zur Leistung oder Nacherfüllung bestimmt hat. Nur in den in § 323 Abs. 2 BGB aufgezählten Fällen ist dabei eine entsprechende Fristsetzung entbehrlich. Zudem ist zu beachten, dass grundsätzlich der Verbraucher nachzuweisen hat, dass der Kaufgegenstand mangelhaft war bzw. ist und er damit zum Vertragsrücktritt berechtigt ist. Gleichwohl besteht diesbezüglich eine sog. Beweislastumkehr innerhalb eines Jahres nach Zustellung der bestellten Ware (§ 477 Abs. 1 S. 1 BGB), sodass innerhalb dieses Zeitraums der Unternehmer nachweisen muss, dass der Mangel nicht bereits bei Lieferung an den Verbraucher vorlag.

---

[7] *Taeger/Kremer,* Recht im E-Commerce und Internet, Kap. 2 Rn. 108.

### 5.3.3  Fehlendes Vertragsverhältnis

Ein weiterer, wenngleich unter anderem Gesichtspunkt stehender, Aspekt, wie
sich ein Verbraucher nachträglich wieder von den kaufvertraglichen Pflichten des
im Internet vermeintlich abgeschlossenen Vertrags loslösen kann, ist die Einrede
des Verbrauchers gegenüber dem Unternehmer, dass überhaupt kein wirksamer
Vertrag zwischen ihnen zustande gekommen sei und daher auch aufseiten des
Verbrauchers keine Zahlungs- sowie Abnahmeverpflichtung des Kaufgegenstan-
des besteht. Gesetzliche Grundlage ist dabei in Bezug auf den Vertragsabschluss
im E-Commerce die Regelung des § 312 Abs. 4 BGB. Danach kommt ein über
das Internet abgeschlossener Vertrag nur zustande, wenn der Unternehmer seine
Pflichten aus § 312j Abs. 3 BGB erfüllt. Nach dieser Norm hat der Unternehmer
die Bestellsituation so zu gestalten, dass der Verbraucher mit seiner Bestellung
ausdrücklich bestätigt, dass er sich zu einer Zahlung verpflichtet. Erfolgt die
Bestellung über eine Schaltfläche, ist die Pflicht des Unternehmers nur erfüllt,
wenn diese Schaltfläche gut lesbar mit nichts anderem als den Wörtern „zahlungspflichtig bestellen" oder mit einer entsprechenden eindeutigen Formulierung
beschriftet ist.

Zudem kann ein fehlendes Vertragsverhältnis als Grundlage für die Zahlungs-
sowie Abnahmeverpflichtungen des Verbrauchers aus den allgemeinen zivilrechtlichen Regelungen hergeleitet werden, die insofern in gleicher Weise auch im
Rahmen des Vertragsabschlusses im E-Commerce gelten. Dies sind vordergrün-
dig die gesetzlichen Regelungen zur Geschäftsfähigkeit gemäß §§ 104 ff. BGB.
So können beispielsweise sowohl Kinder unter 7 Jahren als auch Personen, die
sich in einem die freie Willensbestimmung ausschließenden, nicht nur vorüberge-
henden Zustand krankhafter Störung der Geistestätigkeit befinden, grundsätzlich
keine wirksame Willenserklärung abgeben und somit auch keinen Vertrag über
das Internet abschließen. Kinder und Jugendliche, die noch keine 18 Jahre alt
sind, können, sofern der Kaufgegenstand nicht von ihrem Taschengeld bezahlt
werden kann, über das Internet (inkl. Handy bzw. Smartphone) nur dann wirksam
einen Kaufvertrag abschließen, wenn die Eltern bzw. Sorgeberechtigten dem entsprechenden Vertragsabschluss zustimmen bzw. diesen genehmigen (§ 107 BGB).
Tun sie dies nicht, ist die Willenserklärung des Minderjährigen unwirksam und
es ist dann auch kein Vertrag mit dem Online-Händler zustande gekommen.

### 5.3.4 Widerrufsrecht

Auch die Erklärung des Widerrufs der abgegebenen Willenserklärung durch den Verbraucher bewirkt im Ergebnis die rückwirkende Auflösung des Vertragsverhältnisses. Da es sich dabei indes um ein spezielles Konstrukt des Verbraucherschutzes im E-Commerce handelt, wird das entsprechende Widerrufsrecht des Verbrauchers separat und ausführlich in Kap. 7 behandelt.

# Unternehmerseitige Darstellungs-, Informations- und Dokumentationspflichten

**6**

Der Verbraucherschutz im E-Commerce ist weitgehend von verschiedenen besonderen Pflichten des verkaufenden Unternehmers geprägt. Diese umfassen insbesondere einzelnen vorvertraglichen Informationspflichten gegenüber dem Verbraucher, verschiedene Darstellungsanforderungen vor allen in Bezug auf die Bestellabgabe des Verbrauchers sowie Dokumentationspflichten im Nachgang des Vertragsabschlusses. Die wichtigsten dieser unternehmerseitigen Sonderpflichten beim Warenverkauf im E-Commerce werden nachfolgend dargestellt und erläutert.

## 6.1 Vorvertragliche Informationspflichten

Im Hinblick auf das vom deutschen und europäischen Gesetzgeber verfolgte Informationsmodell des Verbrauchers und dem Grundsatz des Schutzes durch Information, spielen vorvertragliche Informationspflichten des Unternehmers eine maßgebende Rolle bei der Ausgestaltung eines effektiven Verbraucherschutzes im E-Commerce. Die maßgebenden vorvertraglichen Informationspflichten des Unternehmers als Verkäufer eines im Internet abzuschließenden Verbrauchsgüterkaufs sind dabei gesetzlich in den §§ 312d, 312i BGB i. V. m. Art. 246a, 246c EGBGB geregelt.

Die bedeutendsten dieser vorvertraglichen Informationspflichten sind:

- Angabe wesentlicher Eigenschaften der Ware/Dienstleistung
- Angabe des Gesamtkaufpreises der Ware/Dienstleistung
- Unternehmensinformationen über den Verkäufer

- Angabe von Zahlungs-, Liefer- und Leistungsbedingungen
- Angabe des Bestehens eines Widerrufsrechts inkl. Widerrufsbedingungen
- Angabe akzeptierter Zahlungsmittel

Gemäß Art. 246a § 1 Abs. 2 S. 2 EGBGB kann der Unternehmer die Informationspflichten dadurch erfüllen, dass er die in der Anlage 1 zum EGBGB vorgesehene Muster-Widerrufsbelehrung zutreffend ausgefüllt in Textform an den Verbraucher übermittelt.

## 6.2    Darstellungsanforderungen (inkl. Impressumpflicht)

Der Gesetzgeber belässt es im Rahmen der Verwirklichung eines effektiven und umfassenden Verbraucherschutzes im E-Commerce allerdings nicht dabei, die im vorherigen Abschnitt dargestellten Informationspflichten aufseiten des Unternehmers aufzustellen. Vielmehr müssen die entsprechenden Informationen dem Verbraucher auch in einer bestimmten Art und Weise dargestellt werden, damit dieser diese tatsächlich zur Kenntnis nehmen kann bzw. aus Sicht eines Durchschnittsverbrauchers zumindest die Möglichkeit einer problemlosen Kenntnisnahme besteht. Denn aus Sicht des Gesetzgebers kann nur dadurch sichergestellt werden, dass der Verbraucher eine letztlich fundierte und bewusste Kaufentscheidung unter hinreichender Berücksichtigung aller für den Vertragsabschluss erforderlichen Informationen zu treffen in der Lage ist.

### 6.2.1   Möglichkeit der Berichtigung von Eingabefehlern

Ein erstes Kernelement des Verbraucherschutzes im E-Commerce ist es, dass der Verbraucher, der beabsichtigt einen Vertrag über das Internet abzuschließen, vor Abschluss seiner vertragsbegründenden Willenserklärung die Möglichkeit besitzt, etwaige Eingabefehler vor Abgabe seiner Bestellung berichtigen zu können. Dies sah bereits der europäischer Gesetzgeber im Rahmen der E-Commerce-Richtlinie aus dem Jahr 2001 vor. Darauf basierend bestimmt § 312i Abs. 1 Nr. 1 BGB, dass dem Verbraucher als Kunden „angemessene, wirksame und zugängliche technische Mittel zur Verfügung zu stellen [sind], mit deren Hilfe der Kunde Eingabefehler vor Abgabe seiner Bestellung erkennen und berichtigen kann."

Die Möglichkeit, Eingabefehler zu erkennen und zu korrigieren, darf dabei nicht von einer besonderen Sachkunde oder besonderen Fertigkeiten abhängen, sondern muss vom durchschnittlichen Kunden ohne weiteres ergriffen werden können. Diesen Anforderungen genügen im Regelfall die vor allem im Internet gebräuchlichen Bestätigungsanzeigen, in welchen die Angaben des Kunden zusammenfassend wiedergegeben werden und diesem die Möglichkeit eingeräumt wird, die Angaben entweder zu korrigieren oder die Bestellung mit dem angegebenen Inhalt abzusenden.[1] Ausreichende Möglichkeiten, Eingabefehler zu erkennen, müssen dem Kunden dabei bereits während der Eingabe selbst eröffnet werden.[2]

## 6.2.2 Darstellungsanforderungen im Zusammenhang mit der Bestellabgabe

Neben der Möglichkeit der Berichtung vom Eingabefehlern bestehen weiterhin konkrete gesetzliche Anforderungen an die Darstellung sowohl der vorvertraglichen Informationen seitens des Unternehmens als auch im Hinblick auf die Bestellabgabe, also die vertragsbegründende Willenserklärung des Verbrauchers.

Die entsprechenden Anforderungen an die Darstellung ergeben sich dabei aus § 312j BGB. Gemäß § 312j Abs. 2 BGB sind bei einem entgeltlichen Verbrauchervertrag im elektronischen Geschäftsverkehr vom Unternehmen die vorvertraglichen Informationen des Art. 246 § 1 Abs. 1 S. 1 EGBGB dem Verbraucher zur Verfügung zu stellen

- unmittelbar vor Bestellabschluss;
- klar und verständlich;
- in hervorgehobener Weise.

Zudem muss der Unternehmer dafür sorgen, dass es sich aus Sicht des Verbrauchers um einen eindeutigen und ausdrücklichen Bestellabschluss handelt (§ 312j Abs. 3 S. 1 BGB). Erfolgt dabei die Bestellung über eine Schaltfläche, hat diese (1) gut lesbar und (2) mit nichts anderem als den Wörtern „zahlungspflichtig bestellen" oder mit einer entsprechenden eindeutigen Formulierung beschriftet zu sein (§ 312j Abs. 3 S. 2 BGB).

---

[1] *Maume,* in: BeckOK-BGB, § 312i Rn. 23.
[2] *Wendehorst,* in: Münch.Komm-BGB, § 312i Rn. 63.

Aufgrund der recht unscharfen Umschreibung der entsprechenden Anforderungen an die Darstellbarkeit der vorvertraglichen Informationen, insbesondere des eindeutigen und ausdrücklichen Bestellabschlusses, führt dies in der Praxis häufig zu Problemen bzw. Unklarheiten. Hinsichtlich der Vorgaben des § 312j Abs. 2 BGB (unmittelbar vor Bestellabschluss; klar und verständlich; in hervorgehobener Weise) müssen die jeweiligen Informationen in unmittelbarer Nähe der Schaltfläche angezeigt werden, über die die Bestellung ausgelöst wird. Nicht ausreichend ist daher zum Beispiel, wenn die Informationen nur über einen Link oder per Download erreichbar sind.[3] Weiterhin müssen diesbezüglich die Schriftart, -größe und -farbe dafür sorgen, dass die Informationen nicht versteckt, sondern klar und einfach erkennbar sind. Sie müssen sich vom übrigen Text und den sonstigen Gestaltungselementen abheben und dürfen nicht im Gesamtlayout untergehen.[4] Auch hinsichtlich der sog. „Button-Lösung" des § 312j Abs. 3 BGB hat die Rechtsprechung mittlerweile zahlreiche Konkretisierungen vorgenommen. So verstößt beispielsweise der Bestellvorgang bei Verwendung eines sog. Dash Buttons gegen die händlerseitigen Verpflichtungen aus § 312j Abs. 3 BGB.[5] Auch der Begriff „zahlungspflichtig bestellen" im Sinne des § 312j Abs. 3 S. 2 BGB ist generell eng zu verstehen, sodass Alternativen wie „Mitgliedschaft beginnen – kostenpflichtig nach Gratismonat", „Bestellung abschicken", „Jetzt anmelden", oder „Jetzt gratis testen – danach kostenpflichtig" unzulässig sind.[6]

Problematisch ist zudem die Anwendbarkeit der entsprechenden Regelungen auf neuere Technologien wie beispielsweise Streaming-Dienste, sog. In-App-Käufe sowie Sprachassistenten. Beim Streaming (z. B. via Netflix oder Spotify) schließt der Verbraucher mit dem Anbieter einen Vertrag, der es ihm ermöglicht, einmalig z. B. einen Film oder einen Musiktitel über ein internetfähiges Endgerät anzuschauen bzw. anhören, ohne dass das entsprechende Werk (z. B. Film oder Musiktitel) heruntergeladen oder auf dem Endgerät des Verbrauchers als Kunden dauerhaft gespeichert wird. In diesem Zusammenhang entschied das Berliner Kammergericht im Jahr 2019, dass es sich um bei dem in Rede stehenden Bestellbutton zur Nutzung der entsprechenden Streaming-Dienste um eine Schaltfläche im Sinne des § 312j Abs. 3 S. 2 BGB handelte, sodass dieser kraft gesetzlicher Vorgabe „gut lesbar mit nichts anderem als den Wörtern „zahlungspflichtig

---

[3] OLG München, Urteil vom 31.01.2019 – 29 U 1582/18.

[4] OLG Köln, Urteil vom 07.10.2016 – 6 U 48/16.

[5] OLG München, Urteil vom 10.1.2019 – 29 U 1091/18.

[6] Vgl. KG, Urteil vom 20.12.2019 – 5 U 24/19; OLG Hamm, Urteil vom 19.11.2013 – 4 U 65/13; OLG Köln, Urteil vom 07.10.2016 – 6 U 48/16.

bestellen" oder mit einer entsprechenden eindeutigen Formulierung beschriftet" sein musste.[7]

Ebenfalls in den letzten Jahren zunehmend an Bedeutung gewonnen haben sog. In-App-Käufe von Verbrauchern. Innerhalb einer entsprechenden Smartphone/Tablet-App lassen sich dabei virtuelle Güter gegen echtes Entgelt erwerben. Die Geldtransaktion erfolgt dabei zumeist schnell und unkompliziert, da der Verbraucher in der Regel bereits bei Anmeldung zur Nutzung der App seine Kreditkartendaten zur Verfügung gestellt hat. Die entsprechend erworbene Spielwährung verkörpert dann innerhalb des Spiels einen bestimmten Wert. Rechtlich betrachtet stellt der In-App-Kauf nach herrschender Ansicht einen Rechtskauf im Sinne des § 453 BGB dar. Da § 453 Abs. 1 BGB jedoch die Vorschriften über den Kauf von Sachen entsprechend zur Anwendung bringt und davon systematisch auch die Bestimmungen u. a. des Online-Verbrauchsgüterkaufs umfasst sind, gilt auch für den In-App-Kauf grundsätzlich die Bestimmung des § 312j Abs. 3 BGB. So ist zum Beispiel die durchaus häufig vorzufinden Beschriftung „Tippen & Kaufen" tendenziell nicht mit den Vorgaben des § 312j Abs. 3 BGB in Einklang zu bringen.[8]

Den nächsten technischen Fortschritt werden wohl Bestellungen über sprachgesteuerte, internetfähige Audioassistenten, wie beispielsweise Alexa (Amazon Echo) darstellen. Sprachassistenten sind dabei zunächst auch ein Telemedium, da zwar § 1 TMG unter Telemedien regelmäßig das Internet als solches umfasst, allerdings der Begriff weit zu verstehen ist und insofern grundsätzlich jede Online-basierte Anwendung umfasst. Es fallen daher auch Sprachassistenten bzw. -steuerungen darunter. Auch sind entsprechende Sprachassistenten und ein etwaiger Bestellvorgang über diese von § 312j Abs. 3 BGB erfasst.[9] Zwar handelt es sich nicht um eine Schaltfläche im Sinne des § 312j Abs. 3 S. 2 BGB, da kein visuelle bestehender und physisch vom Verbraucher zu betätigender Button vorliegt. Allerdings ist die allgemeinere Regelung des § 312j Abs. 3 S. 1 BGB einschlägig, da darin nicht explizit eine grafische Bedienoberfläche gefordert wird und grundsätzlich auch audiobasierte Bestellvorgänge erfasst sind. Auch sind Sprachassistenten Fernkommunikationsmittel im Sinne des § 312c BGB und es liegt ein Fernabsatzvertrag vor, wenn der Vertragsschluss mittels Sprachassistent stattfindet.[10]

---

[7] KG, Urteil vom 20.12.2019 – 5 U 24/19.

[8] *Stiegler,* MDR 2020, 1100, 1104.

[9] *Duden,* ZRP 2020, 102, 103.

[10] *Kloth,* ZJS 2021, 716, 717.

## 6.2.3  Impressumpflicht

Aus dem Bereich des Telemedienrechts besteht zudem die allgemeine Impressumpflicht („Anbieterkennzeichnung") des § 5 TMG für Anbieter von geschäftsmäßig angebotenen Telemediendiensten. Im vorliegenden Zusammenhang besteht der Zweck der Impressumpflicht dabei im Schutz des Verbrauchers und der Förderung der Transparenz im Bereich der Telemedien.[11]

Gesetzliche Voraussetzungen für die Impressumpflicht ist das geschäftsmäßige, in der Regel gegen Entgelt erbrachte Angebot eine Telemediums (§ 5 Abs. 1 TMG). Telemedien sind dabei im Sinne des § 1 Abs. 1 TMG alle elektronischen Informations- und Kommunikationsdienste, soweit sie nicht Telekommunikationsdienste, telekommunikationsgestützte Dienste oder Rundfunk sind. Im Zweifel kann also davon ausgegangen werden, dass die verschiedenen Methoden und Möglichkeiten des E-Commerce im Verbraucher-Unternehmer-Verhältnis ein entsprechendes Telemedium darstellen und der Unternehmer als Anbieter von Waren diesbezüglich eine entsprechende Anbieterpflicht trifft. Die Geschäftsmäßigkeit des Angebots eines Telemediums bedeutet, dass sich die entsprechende Dienste-Erbringung über einen längeren Zeitraum erstreckt und nicht nur im Einzelfall vorliegt.[12]

Inhaltlich umfasst die Impressumpflicht des § 5 Abs. 1 TMG vor allem die folgenden Angaben bzw. Informationen:

- Firma, Anschrift, Rechtsform und Vertretungsberechtigte des Unternehmens;
- Mittel der elektronischen Kommunikation (insbesondere E-Mail-Adresse);
- ggf. Angabe der zuständigen Aufsichtsbehörde;
- das zuständige Handelsregister sowie die Handelsregisternummer des Unternehmens;
- Angabe der Umsatzsteuer- bzw. Wirtschafts-Identifikationsnummer.

Wie § 5 Abs. 1 TMG ausdrücklich vorgibt, müssen die entsprechenden Informationen und Angaben im Rahmen des Impressums dabei „leicht erkennbar, unmittelbar erreichbar und ständig verfügbar" sein. Leicht erkennbar sind die Pflichtangaben, wenn sie für den Verbraucher einfach und effektiv optisch wahrnehmbar sind.[13] Eine tatsächliche oder zwingende Kenntnisnahme ist hingegen

---

[11] *Heckmann*, in: jurisPK-Internetrecht, Abschn. 4.2 Rn. 68.
[12] *Albrecht*, Informations- und Kommunikationsrecht, Rn. 305.
[13] OLG Hamburg, Beschluss vom 20.11.2002 – 5 W 80/02.

nicht erforderlich.[14] Unter der unmittelbaren Erreichbarkeit ist die kostenlose Zugangsmöglichkeit ohne wesentliche Zwischenschritte zu verstehen.[15] Ferner ist die Voraussetzung der ständigen Verfügbarkeit dann erfüllt, wenn der Verbraucher grundsätzlich jederzeit auf die Pflichtangaben des § 5 Abs. 1 TMG zugreifen kann und insofern die Informationen über einen dauerhaft funktionstüchtigen Link verfügbar sind.[16]

## 6.3 Dokumentationspflichten

Neben den vorvertraglichen Informationspflichten seitens des Unternehmers als Verkäufer treten verschiedene durch diesen zu beachtenden (nachträglichen) Dokumentationspflichten. Die bedeutendsten sind insofern:

- der unverzügliche (elektronische) Versandt einer Bestellbestätigung;
- die Schaffung der Speichermöglichkeit vom Vertragsinhalt (inkl. AGB) durch den Verbraucher vor und nach Abschluss der Bestellung (§ 312i Abs. 1 S. 1 Nr. 4 BGB).

---

[14] *Micklitz/Schirmbacher,* in: Spindler/Schuster, Recht der elektronischen Medien, § 5 TMG Rn. 27.
[15] OLG Hamburg, Beschluss vom 20.11.2002 – 5 W 80/02.
[16] *Micklitz/Schirmbacher,* in: Spindler/Schuster, Recht der elektronischen Medien, § 5 TMG Rn. 27.

# Verbraucherseitiges Widerrufsrecht

# 7

Schließen mindesten zwei Parteien einen Vertrag ab, müssen sie sich an das jeweilig Erklärte festhalten. Dies gilt im Grundsatz auch für einen Verbrauchervertrag im E-Commerce. Allerdings sieht das Gesetz gerade in diesem Fall – ausnahmsweise – eine einseitige Vertragsaufhebung durch den Verbraucher als zu schützende Person vor: Das begründungsfreie Widerrufsrecht. Ein solches Widerrufsrecht ist dabei eines der zentralen unionsrechtlichen Instrumente des zivilrechtlichen Verbraucherschutzes im E-Commerce.[1]

## 7.1 Gesetzliche Ausgangslage und Überblick

Kernbestandteil des Verbraucherschutzrechts im E-Commerce ist das Bestehen eines gesetzlichen Widerrufsrechts für den Verbraucher nach Vertragsabschluss. Dieses ergibt sich aus § 312g Abs. 1 i. V. m. § 355 BGB. Außerhalb des Anwendungsbereichs eines Online-Verbrauchsgüterkauf (z. B. Verbrauchsgüterkauf im stationären Handel) besteht ein entsprechendes Widerrufsrecht des Verbrauchers grundsätzlich nicht. Rechtsfolgen eines fristgerechten Widerrufs ist dabei zunächst, dass der Verbraucher nicht mehr an die „auf den Abschluss des Vertrags gerichtete Willenserklärung gebunden" ist (§ 355 Abs. 1 S. 1 BGB). Aufgrund des damit verbundenen mangelnden wirksamen Vertragsabschlusses hat der Verbraucher jedoch innerhalb von 14 Tagen die erhaltene Ware an den Verkäufer zurückzusenden (§ 357 Abs. 1 BGB). Hierbei trägt grundsätzlich der Verbraucher die Rücksendekosten, jedoch nur, wenn der Verkäufer darüber unterrichtet hat und

---

[1] *Choi*, Ad Legendum 2021, 285.

© Der/die Autor(en), exklusiv lizenziert durch Springer Fachmedien Wiesbaden GmbH, ein Teil von Springer Nature 2022
S. Stiegler, *Verbraucherschutz im E-Commerce*, essentials,
https://doi.org/10.1007/978-3-658-37320-7_7

keine abweichende Vereinbarung besteht (§ 357 Abs. 6 BGB). In der Praxis sind entsprechend abweichende Vereinbarung jedoch mittlerweile der Regelfall.

## 7.2 Widerrufserklärung des Verbrauchers

Die Rechtsfolgen des Widerrufs treten nicht von sich aus ein, sondern es bedarf einer ausdrücklichen Widerrufserklärung durch den Verbraucher. Die Ausübung des Widerrufsrechts erfolgt dabei mittels einseitig empfangsbedürftiger Widerrufserklärung (§ 355 Abs. 1 S. 2 BGB), wobei die Verwendung des Wortes „Widerruf" nicht zwingend erforderlich ist.[2] Als Gestaltungserklärung ist der Widerruf dabei auch bedingungsfeindlich und unwiderruflich.[3] Eine Bestätigung oder Annahme durch den Verkäufer bedarf es allerdings nicht. Die Widerrufserklärung muss aber hinreichend dem Verkäufer zugegangen sein, also im Rahmen der allgemeinen Terminologie derart in den Machtbereich des Empfängers gelangt sein, dass dieser unter normalen Umständen die Möglichkeit der Kenntnis hat.

Die Widerrufserklärung des Verbrauchers bedarf keiner Form. Sie kann daher auch mündlich, telefonisch, durch Fax oder per E-Mail erklärt werden. Auch bedarf die Erklärung des Widerrufs durch den Verbraucher nach eindeutigem Gesetzeswortlaut (§ 355 Abs. 1 S. 4 BGB: „Der Widerruf muss keine Begründung enthalten") keiner Begründung. Insofern ist es dem freien Willen des Verbrauchers überlassen, ob und aus welchen Gründen er von seinem bestehenden Widerrufsrecht Gebrauch macht.[4]

## 7.3 Widerrufsfrist

Die Widerrufsfrist beträgt 14 Tage (§ 355 Abs. 2 S. 1 BGB). Gemeint sind damit Kalender- und nicht Werktage, sodass u. a. Feiertage bei der Fristberechnung mitzuzählen sind. Allgemein beginnt die Widerrufsfrist, soweit nichts Abweichendes bestimmt ist, mit Vertragsabschluss (§ 355 Abs. 2 S. 2 BGB). Für den Online-Verbrauchsgüterkauf besteht diesbezüglich jedoch eine speziellere Regelung. Danach beginnt gemäß § 356 Abs. 2 Nr. 1 lit. a) BGB die Widerrufsfrist grundsätzlich erst dann zu laufen, wenn der Verbraucher die gekaufte Ware erhalten hat. Maßgebend für den Erhalt der Ware ist dabei zu welchem Zeitpunkt sie

---

[2] BGH, Urteil vom 03.07.2019 – VIII ZR 194/16.
[3] BGH, Urteil vom 07.11.2017 – XI ZR 369/16.
[4] BGH, Urteil vom 16.03.2016 – VIII ZR 146/15.

derart in den Machtbereich des Verbrauchers gelangt ist, dass dieser sie auf ihre Vertragsgemäßheit und Mangelfreiheit untersuchen kann. Somit reicht z. B. die Hinterlegung der Ware durch den Spediteur/Lieferanten und der Einwurf einer Benachrichtigung in den Briefkasten des Verbrauchers nicht aus, um die Widerrufsfrist in Gang zu setzen, weil der Verbraucher die Ware noch nicht untersuchen konnte.[5]

Die Widerrufsfrist beginnt ferner nicht zu laufen, bevor der Unternehmer als Verkäufer den Verbraucher nicht ordnungsgemäß und im Einklang mit den gesetzlichen Bestimmungen vom Bestehen und der Ausübung dessen gesetzlichen Widerrufsrechts unterrichtet hat (§ 356 Abs. 3 S. 1 BGB). Die Beweislast für die ordnungsgemäße Information des Verbrauchers und den dadurch ausgelösten Fristbeginn trägt dabei der Unternehmer. Die Widerrufsfrist endet allerdings allerspätestens (Ausschlussfrist) zwölf Monate und 14 Tage nach ordnungsgemäßem Erhalt der Ware (§ 356 Abs. 3 S. 2 BGB). Dies gilt auch bei unterbliebener oder nicht ordnungsgemäßer Widerrufsbelehrung.[6]

## 7.4 Ausnahmen vom und Erlöschen des Widerrufsrecht(s)

Das gesetzliche Widerrufsrecht eines Verbrauchers beim Online-Verbrauchsgüterkauf ist nicht allumfassend und bedingungslos. Vielmehr zählt das Gesetz insbesondere in § 312g Abs. 2 BGB Ausnahmen auf, wonach bei deren Vorliegen kein verbraucherseitiges, 14-tägiges Widerrufsrecht besteht. Wichtig ist dabei vorab klarzustellen, dass ein etwaiger Ausschluss des Widerrufsrechts keinen Einfluss auf etwaige Anfechtungsgründe oder Gewährleistungsrechte des Verbrauchers gegenüber dem Unternehmer haben. Zudem sind die Ausnahmen von Widerrufsrecht insofern dispositiv, als zwischen den Kaufvertragsparteien auch abweichendes bestimmt werden kann.

Die in der Praxis wichtigsten Ausnahmen von Widerrufsrecht sind die folgenden:

- kein Widerrufsrecht bei Sonderanfertigungen (§ 312g Abs. 2 Nr. 1 BGB)
- kein Widerrufsrecht bei schnell verderblichen Waren (§ 312g Abs. 2 Nr. 2 BGB)
- kein Widerrufsrecht bei aus hygienischen Gründen versiegelter Ware (§ 312g Abs. 2 Nr. 3 BGB)

---

[5] *Müller-Christmann*, in: BeckOK BGB, § 356 Rn. 7.
[6] *Stiegler*, JA 2021, 624, 629.

Generell ist darüber hinaus festzuhalten, dass ein Ausschluss des Widerrufsrechts wegen Rechtsmissbrauchs oder unzulässiger Rechtsausübung durch den
kaufenden Verbraucher grundsätzlich nur ausnahmsweise in Betracht kommt.[7]
Unter dem Gesichtspunkt der besonderer Schutzbedürftigkeit des Unternehmers
als Verkäufer über das Internet ist dies überwiegend nur bei arglistigem oder schi-
kanösem Verhalten des Verbrauchers der Fall.[8] Dabei kommt es indes stets auf
die konkreten Umstände des Einzelfalls an.[9]

## 7.5  Rechtsfolgen des wirksamen Widerrufs

Liegt ein wirksamer Widerruf durch den Verbraucher vor, sind beide Vertragsparteien nicht mehr an den im Internet abgeschlossenen Vertrag gebunden (§ 355
Abs. 1 S. 1 BGB). An die Stelle der jeweiligen Leistungspflicht der Parteien
aus dem nunmehr nachträglich weggefallen Vertragsverhältnis tritt die Pflicht
zur unverzüglichen Rückgewähr der empfangen Leistungen. Der Verbraucher hat
daher die erhaltene Ware an den Unternehmer zurückzusenden. Sofern nicht – wie
allerdings mittlerweile in der Praxis der absolute Regelfall – etwas Abweichendes (im Rahmen von AGB) zwischen den Parteien bestimmt wurde, trägt dabei
grundsätzlich der Verbraucher die Rücksendekosten. Im Gegenzug hat der Unternehmer den bereits erhaltenden Kaufpreis an den Verbraucher zurückzugewähren.
Die Rücküberweisung hat dabei mittels und auf das gleiche Zahlungsmittel zu
erfolgen, welches der Verbraucher bei seiner ursprünglichen Kaufpreiszahlung
genutzt hat (z. B. Kreditkarte oder Bankeinzug). Die §§ 357 ff. BGB regeln darüber hinaus die konkreten Modalitäten zu den Ansprüchen zwischen Verbraucher
und Unternehmer, die infolge des Widerrufs bestehen.

---

[7] BGH, Urteil vom 16.03.2016 – VIII ZR 146/15.
[8] BGH, Urteil vom 25.11.2009 – VIII ZR 318/08.
[9] OLG Brandenburg, Urteil vom 16.06.2021–4 U 192/20.

# Verbraucherseitige Gewährleistungsrechte

# 8

Beim Warenkaufs über das Internet als Verbrauchsgüterkauf stehen dem Verbraucher zusätzlich zu den üblichen Kaufgewährleistungsrechte bei Vorliegen eines Mangels verschiedene zusätzliche bzw. die allgemeinen Bestimmungen modifizierende Rechte zu. Dadurch soll der Verbraucher zusätzlich zu den bereits genannten Informations-, Darstellungs- und Dokumentationspflichten des Unternehmens weitgehend geschützt werden.

## 8.1 Grundstruktur

Da es sich beim Verbrauchsgüterkauf im E-Commerce zunächst ebenfalls um einen originären Kaufvertrag gemäß § 433 BGB handelt, finden auch die entsprechenden gesetzlichen Gewährleistungsrechte des Käufers grundsätzlich Anwendung. Diese gelten auch unbenommen davon, dass dem Verbraucher ein, wie in Kap. 7 beschriebenes, Widerrufsrecht zusteht. Unterschied der allgemeinen gesetzlichen Kaufgewährleistungsrechte ist jedoch, dass ein Sachmangel im Sinne des § 434 BGB vorliegen muss. Der Online erworbene Kaufgegenstand muss daher zum Zeitpunkt des sog. Gefahrübergangs mangelhaft sein. Der Gefahrübergang erfolgt im E-Commerce als Versendungskauf regelmäßig zum Zeitpunkt der Übergabe bzw. Ablieferung des Kaufgegenstands an den Verbraucher.

Liegt ein Sachmangel im Sinne des seit dem 1. Januar 2022 geltenden Fassung des § 434 BGB vor, entspricht der Kaufgegenstand bei Gefahrübergang also nicht den subjektiven Anforderungen, den objektiven Anforderungen oder den Montageanforderungen, kann der Verbraucher die im zustehenden Gewährleistungsrechte gegenüber dem Online-Händler geltend machen. Diese sind:

- Nacherfüllung (Reparatur oder Neulieferung nach Wahl des Verbrauchers);
- Kaufpreisminderung;
- Rücktritt vom Vertrag;
- Schadensersatz.

Anders als noch nach altem Recht (bis einschließlich 31.12.2021) befinden sich die Bezugspunkte für das Vorliegen eines Sachmangels gemäß § 434 BGB nicht mehr in einem bestimmten Rangverhältnis, sondern sind gleichrangig. Insbesondere subjektive Beschaffenheitsvereinbarungen zwischen dem Verbraucher und dem Unternehmen sind daher nicht mehr vorrangig vor der objektiven Beschaffenheit des Kaufgegenstands. In Bezug auf die ebenfalls seit dem 1. Januar 2022 geltende Regelung des § 476 Abs. 1 S. 2 BGB führt dies im Ergebnis dazu, dass eine Abweichung der Kaufsache von den objektiven Anforderungen nicht mehr wie bisher durch bloße Beschaffenheitsvereinbarung im Sinne von subjektiven Anforderungen zulässig ist, sondern diese „im Vertrag ausdrücklich und gesondert vereinbart" werden müssen und „der Verbraucher vor der Abgabe seiner Vertragserklärung eigens davon in Kenntnis gesetzt wurde, dass ein bestimmtes Merkmal der Sache von den objektiven Anforderungen abweicht" (§ 476 Abs. 1 S. 2 Nr. 1, 2 BGB).[1]

Obgleich der generellen Geltung des bestehenden Kaufgewährleistungsrechts auch im Rahmen des E-Commerce, bestehen jedoch gewisse rechtliche Besonderheiten im Sinne von Abweichungen zu diesen vor allem aufgrund der Tatsache, dass es sich um einen Verbrauchsgütervertrag im Sinne der §§ 474 ff. BGB handelt. Die bedeutsamsten dieser „Abweichungen" sollen nachfolgend dargestellt werden.

## 8.2    Kein Nutzungsersatz

Nach den allgemeinen kaufrechtlichen Bestimmungen besteht gemäß § 439 Abs. 6 BGB eine Wertersatzpflicht des Käufers anstatt Nutzungsherausgabe, wenn die Herausgabe der Nutzung nach der Natur des Erlangten ausgeschlossen. Dies ist insbesondere bei Gebrauchsgegenständen der Fall. Mit § 475 Abs. 3 S. 1 BGB besteht beim Verbrauchsgüterkauf jedoch eine vom allgemeinen Kaufrecht abweichend Bestimmung. Danach findet bei einem (Online)-Verbrauchsgüterkauf § 439 Abs. 6 BGB nur mit der Maßgabe Anwendung, dass die Nutzungen nicht

---

[1] *Stiegler*, JA 2021, 624, 627.

herauszugeben oder durch ihren Wert zu ersetzen sind. Im Ergebnis ist ein Verbraucher daher grundsätzlich nicht zum Ersatz von Nutzungen gegenüber einem Unternehmer verpflichtet, wenn ihm im Wege der Nacherfüllung eine mangelfreie Sache geliefert wird. Dies gilt auch für etwaige Gebrauchsvorteile; allerdings nicht im Falle des Rücktritts vom Verbrauchsgüterkauf.[2]

## 8.3  Beweislastumkehr

Nach den allgemeinen kaufrechtlichen Bestimmungen muss der Käufer der Ware nachweisen bzw. beweisen, dass der Mangel der Sache bereits bei Gefahrübergang vorlag. Da der Kauf von Waren im Internet regelmäßig einen Versendungskauf darstellt, muss ab dem Erhalt der Ware grundsätzlich der Käufer beweisen, dass die gelieferte Sache bereits mangelhaft war. Dieser hat den Beweis für eine Falsch-, Zuwenig- oder Schlechtleistung zu führen. Mit § 477 BGB besteht im Hinblick auf die Beweislast beim Verbrauchsgüterkauf jedoch eine vom allgemeinen Kaufrecht abweichend Bestimmung. Nach § 477 BGB wird vermutet, dass ein Sachmangel bereits bei Gefahrübergang vorlag, wenn sich dieser innerhalb eines Jahres nach Gefahrübergang zeigt. Im Fall des Verbrauchsgüterkaufs tritt somit eine Beweislastumkehr dergestalt ein, dass nicht der Käufer, sondern der Verkäufer innerhalb des genannten Zeitraums zu beweisen hat, dass der Mangel nicht bei Gefahrübergang vorlag. Dabei wird vermutet, dass entweder derjenige Mangel, der sich innerhalb der Jahresfrist zeigt, selbst schon bei Gefahrübergang vorlag oder dass er auf einem anderen, schon bei Gefahrübergang vorliegenden Mangel beruht.[3] § 477 BGB bezieht sich allerdings nur auf den Zeitpunkt des Vorliegens eines Mangels, nicht jedoch auf das Bestehen eines Mangels als solches, dessen Bestehen insofern weiterhin der Käufer darzulegen hat.[4]

## 8.4  Zwingender Charakter verbraucherschützender Regelungen

Nach den allgemeinen Regelungen sind die kaufrechtlichen Bestimmungen der §§ 434 ff. BGB weitgehend abdingbar, d. h. sie können von den Kaufvertragsparteien (z. B. im Rahmen von AGB) auch ausgeschlossen oder verändert bzw.

---

[2] BGH, Urteil vom 16.09.2009 – VIII ZR 243/08.
[3] BGH, Urteil vom 27.05.2020 – VIII ZR 315/18.
[4] BGH, Urteil vom 10.11.2021 – VIII ZR 187/20.

eingeschränkt werden. Mit § 476 Abs. 1 BGB besteht beim Verbrauchsgüterkauf jedoch eine vom allgemeinen Kaufrecht vorrangige Geltung erlangende
Bestimmung. Danach kann sich ein Verkäufer nicht auf eine getroffene Vereinbarung berufen, die zum Nachteil des Verbrauchers von dessen gesetzlichen
Gewährleistungsrechten abweicht.

# Vertragsbeendigung ("Kündigungsbutton")

# 9

Bislang hatten Unternehmen Verbrauchern in Bezug auf die Vertragskündigung lediglich über die Laufzeit des Vertrags oder die Bedingungen der Kündigung unbefristeter Verträge zu informieren. Wie die entsprechende Vertragskündigung zu vollziehen ist, blieb jedoch, in den Grenzen des geltenden AGB-Rechts, dem Unternehmer überlassen. Dies änderte sich mit der seit dem 1. Juli 2022 in Kraft getretenen Neuregelung des § 312k BGB zur „Kündigung von Verbraucherverträgen im elektronischen Geschäftsverkehr" grundlegend. Der neue § 312k BGB wurde dabei durch das Gesetz für faire Verbraucherverträge neu gefasst. Die Neuregelung bezweckt, dass sich ein Verbraucher auch ohne größeren Aufwand und Recherchen wieder von einem Abonnement mit in der Regel vorwährenden Zahlungsverpflichtungen lösen kann, in dem er den entsprechenden Vertrag unkompliziert online kündigen kann.

Gemäß § 312k Abs. 1 S. 1 BGB treffen den Unternehmer die nachfolgenden Pflichten der Norm, wenn es einem Verbraucher über eine Webseite ermöglicht wird, einen Vertrag im elektronischen Geschäftsverkehr zu schließen, der auf die Begründung eines Dauerschuldverhältnisses gerichtet ist, wo Unternehmer zu einer entgeltlichen Leistung verpflichtet wird. Zwingend Voraussetzungen für die Geltung der Pflichten des § 312k BGB im Sinne von Tatbestandsmerkmalen, die vorzuliegen haben, sind, dass es sich

- um einen Verbrauchervertrag im elektronischen Geschäftsverkehr
- als Dauerschuldverhältnis handeln muss, der
- über eine Webseite angeschlossen werden kann und
- eine entgeltliche Leistung des Unternehmens zum Gegenstand hat.

S. Stiegler, *Verbraucherschutz im E-Commerce*, essentials,
https://doi.org/10.1007/978-3-658-37320-7_9

312k BGB setzt die Begründung eines Dauerschuldverhältnisses voraus. Insbesondere nicht anwendbar ist § 312k BGB daher auf „normale" Online-Verbrauchsgüterkäufe im Sinne der §§ 312c ff., §§ 312i f. BGB. Einschlägige Dauerschuldverhältnisse im Rahmen des § 312k BGB sind insbesondere Abonnementverträge, Mobilfunkverträge, Online-Game-Verträge, Online-Partnerbörsen-Verträge und Telekommunikationsverträge. Für Abonnementverträge spielt es in diesem Zusammenhang auch keine Rolle, ob die entsprechende Leistung physisch oder online erbracht wird.

Voraussetzung ist weiterhin, dass sich die beabsichtigte Kündigung durch den Verbraucher auf eine Leistungserbringung durch den Unternehmer bezieht, für die der Verbraucher ein entsprechendes Entgelt zu entrichten hat. Der Begriff der entgeltlichen Leistung ist dabei weit auszulegen.[1] Erfasst sind generell Leistungen, die einen bestimmten Marktwert haben. Grundsätzlich können auch personenbezogene Daten einen entsprechend entgeltlichen Gegenwert darstellen.[2]

## 9.1    Zurverfügungstellen einer Kündigungsschaltfläche

Gemäß § 312k Abs. 2 BGB hat der Unternehmer sicherzustellen, dass der Verbraucher auf der Webseite eine Erklärung zur ordentlichen oder außerordentlichen Kündigung eines auf der Webseite abschließbaren Vertrag über eine Kündigungsschaltfläche abgeben kann. Die Pflicht zum Bereitstellen einer Kündigungsschaltfläche besteht nur in Bezug auf „eine Erklärung zur ordentlichen oder außerordentlichen Kündigung" eines abgeschlossenen Vertrags. Bei jeglichen anderen Aspekten betreffend die rechtliche Gestaltung des eingegangenen Dauerschuldverhältnisses ist der Unternehmer daher nicht verpflichtet, eine entsprechende Schaltfläche zur Verfügung zu stellen.

An die genannte Kündigungsschalfläche stellt der Gesetzgeber in § 312k Abs. 2 S. 2 BGB konkrete grafische und inhaltliche Anforderungen. Dabei ist eine Schaltfläche jedes grafische Bedienelement, welches es dem Anwender erlaubt, eine Aktion in Gang zu setzen oder dem System eine Rückmeldung zu geben. Die Kündigungsschaltfläche muss gut lesbar sein. Voraussetzung dafür ist insbesondere eine ausreichende Schriftgröße und ein hinreichender Farbkontrast. Die Schriftgröße muss so gewählt sein, dass ein durchschnittlicher Verbraucher sie

---

[1] Zu § 312j Abs. 2 BGB OLG Köln, Urteil vom 14.02.2014 – 6 U 120/13.

[2] *Langhanke/Schmidt-Kessel*, EuCML 2015, 218.

bei üblicher Bildschirmauflösung sowohl auf einem PC-Bildschirm als auch auf einem Smartphon-Display problemlos erkennen kann.[3]

Sofern keine entsprechend eindeutige Formulierung gewählt wird, darf die Kündigungsschaltfläche mit nichts anderem als den Wörtern „Verträge hier kündigen" beschriftet sein. Insofern muss es dem Verbraucher unmittelbar offensichtlich sein, dass mit Betätigung der entsprechenden Kündigungsschaltfläche die Kündigung zwar angestoßen, nicht jedoch bereits abgeschlossen wird. Generell muss eine alternative Formulierung in ihrer Eindeutigkeit ihrer Aussage der Formulierung „Verträge hier kündigen" mindestens ebenbürtig sein.

Schließlich muss der kündigungswillige Verbraucher gemäß § 312k Abs. 2 S. 3 BGB bei Betätigung der Kündigungsschaltfläche unmittelbar zu einer Bestätigungsseite weitergeleitet werden. Auf der Bestätigungsseite, auf die der Verbraucher weitergeleitet wurde, muss es diesem vom Unternehmer ermöglicht werden, verschiedene personen- und kündigungsspezifische Informationen anzugeben. Vom Unternehmer ist diesbezüglich die technische Eingabemöglichkeit zu gewährleisten und der Verbraucher hat Angaben zu machen

- zur Art der Kündigung sowie im Falle der außerordentlichen Kündigung zum Kündigungsgrund;
- zu seiner eindeutigen Identifizierbarkeit;
- zur eindeutigen Bezeichnung des Vertrags;
- zum Zeitpunkt, zu dem die Kündigung das Vertragsverhältnis beenden soll;
- zur schnellen elektronischen Übermittlung der Kündigungsbestätigung an ihn.

## 9.2 Abgabe der Kündigungserklärung

Die Bestätigungsseite, auf die der kündigungswillige Verbraucher weitergeleitet wurde, muss eine Bestätigungsschaltfläche enthalten, über deren Betätigung der Verbraucher die Kündigungserklärung abgeben kann und die gut lesbar mit nichts anderem als den Wörtern „jetzt kündigen" oder mit einer entsprechenden eindeutigen Formulierung beschriftet ist. Diese Bestätigungsschaltfläche („Kündigungsbutton") bringt den Kündigungsvorgang des Verbrauchers zum Abschluss, wenn dieser die entsprechende Schaltfläche per Klick betätigt.

Auch die Bestätigungsschaltfläche bzw. der Kündigungsbutton müssen „gut lesbar" sein. Sofern keine zulässige alternative Formulierung gewählt wird, darf

---

[3] *Raue*, MMR 2012, 438, 442.

der Kündigungsbutton ferner „mit nichts anderem als den Wörtern jetzt kündigen beschriftet sein". Ebenso wie im Rahmen der Kündigungsschaltfläche kann auch bezüglich der Bestätigungsschaltfläche eine entsprechend eindeutige alternative Formulierung gewählt werden.

Gemäß § 312k Abs. 2 S. 4 BGB müssen sowohl die entsprechenden Schaltflächen bzw. Buttons sowohl ständig verfügbar als auch unmittelbar und leicht zugänglich sein. Dies gilt auch für die Bestätigungsseite, zu der die Kündigungsschaltfläche weiterleitet. Im Unterschied zur Verfügbarkeit ist unter der Zugänglichkeit die faktische Erreichbarkeit der entsprechenden Aspekte zu verstehen. Es geht also weniger um die objektive Sicht, sondern um die subjektive Möglichkeit des Verbrauchers.[4] Leichte Zugänglichkeit setzt dabei voraus, dass der Verbraucher mit den ihm zur Verfügung stehenden (technischen) Mitteln die Information erreichen kann, diese also ohne Schwierigkeiten auffindbar und wahrnehmbar sind.

Gemäß § 312k Abs. 3 BGB muss der Unternehmer sicherstellen, dass der Verbraucher seine durch das Betätigen des Kündigungsbuttons abgegebene Kündigungserklärung mit dem Datum und der Uhrzeit der Abgabe auf einem dauerhaften Datenträger so speichern kann, dass erkennbar ist, dass die Kündigungserklärung durch das Betätigen des Kündigungsbuttons abgegeben wurde. Dies ist aus Sicht des Verbrauchers vor allem deswegen von Bedeutung, da dieser damit zumindest schon einmal nachweisen kann, wann genau er seine Kündigungserklärung übermittelt hat, was insbesondere für etwaige Fristberechnung von Bedeutung sein kann.

Gemäß § 312k Abs. 4 S. 1 BGB hat der Unternehmer dem Verbraucher den Inhalt sowie Datum und Uhrzeit des Zugangs der Kündigungserklärung sowie den Zeitpunkt, zu dem das Vertragsverhältnis durch die Kündigung beendet werden soll, sofort auf elektronischem Wege in Textform zu bestätigen. Dadurch soll es dem kündigenden Verbraucher, auch zu Nachweiszwecken, ermöglicht werden, dauerhaft Einblick in die maßgebenden materiellen Aspekte seiner Kündigung zu nehmen. Weiterhin wird gemäß § 312k Abs. 4 S. 2 BGB vermutet, dass eine durch das Betätigen der Bestätigungsschaltfläche abgegebene Kündigungserklärung dem Unternehmer unmittelbar nach ihrer Abgabe zugegangen ist.

---

[4] *Stiegler,* VuR 2021, 443, 449.

## 9.3 Rechtsfolgen

Werden die Schaltflächen und die Bestätigungsseite nicht entsprechend § 312k Abs. 1, 2 BGB zur Verfügung gestellt, kann ein Verbraucher einen Vertrag, für dessen Kündigung die Schaltflächen und die Bestätigungsseite zur Verfügung zu stellen sind, jederzeit und ohne Einhaltung einer Kündigungsfrist kündigen. Die in § 312k Abs. 6 BGB statuierte Rechtsfolge bedeutet insbesondere, dass der Verbraucher an keine gesetzlichen, individualvertraglichen oder in AGB-Klauseln bestimmten Kündigungsfristen mehr gebunden ist.

Neben der konkret in § 312k Abs. 6 S. 1 BGB genannten Rechtsfolge bei Verstößen kommen grundsätzlich auch Unterlassungsansprüche durch Wettbewerber in Betracht.

# Was Sie aus diesem *essential* mitnehmen können

- Verständnis und Umgang des auf einen Online-Verbrauchsgüterkaufs anwendbaren Regelungen
- Kenntnis der wichtigsten Verbraucherrechte im E-Commerce
- Hinweise zur rechtskonformen Ausgestaltung eines Online-Shops

# Literatur

Albrecht, F. (2018). *Informations- und Kommunikationsrecht*. Kohlhammer Verlag, Stuttgart.

Alexander, C., & Jüttner, R. (2021). Vertragsrechtlicher Verbraucherschutz durch EU-Richtlinien. *Ad Legendum, 2021*, 300.

Choi, Y. (2021). Das Widerrufsrecht des Verbrauchers – Ein Überblick. *Ad Legendum, 2021*, 285.

Dauner-Lieb, B., & Langen, W. (Hrsg.). (2021). *Nomos Kommentar zum BGB* (Bd. 2/1, 4. Aufl.), Nomos.

Deges, F. (2020). *Grundlagen des E-Commerce*, Springer Gabler.

Duden, K. (2020). Verbraucherschutz und Vertragsschluss im Internet der Dinge. *ZRP, 2020*, 102.

Föhlisch, C., & Stariradeff, T. (2016). Zahlungsmittel und Vertragsschluss im Internet. *NJW, 2016*, 353.

Fritz, D. (2021). Click & Collect und Call & Collect – Vertragsschluss und AGB. *NJW, 2021*, 1697.

Gersdorf, H., & Paal, B. (Hrsg.). (2021). *Beck'scher Onlinekommentar zum Informations- und Medienrecht* (34. Aufl.), Beck.

Grunewald, B., & Peifer, K. (2010). *Verbraucherschutz im Zivilrecht*, Springer Verlag.

Hau, W., & Poseck, R. (Hrsg.). (2021). *Beck'scher Onlinekommentar zum BGB* (60. Aufl.), Beck.

Heckmann, D., & Paschke, A. (2021). *Juris PraxisKommentar Internetrecht* (7. Aufl.), Juris.

Hoeren, T., Sieber, U., & Holznagel, B. (Hrsg.). (2021). *Handbuch Multimedia-Recht* (57. Lieferung), Beck.

Kloth, M. (2021). Erfüllung verbraucherrechtlicher Informationspflichten beim Einsatz von Sprachassistenten. *ZJS, 2021*, 716.

Könen, D. (2021). Käuferschutzmechanismen auf virtuellen Marktplätzen. *MMR, 2021*, 931.

Langhanke, C., & Schmidt-Kessel, M. (2015). Consumer data as consideration. *EuCML, 2015*, 218.

Leupold, A., Wiebe, A., & Glossner, S. (Hrsg.). (2021). *Münchener Anwaltshandbuch IT-Recht* (4. Aufl.), Beck.

Möllnitz, C. (2021). Änderungsbefugnis des Unternehmers bei digitalen Produkten. *MMR, 2021*, 116.

Raue, B. (2012). „Kostenpflichtig bestellen" – Ohne Kostenfalle? Die neuen Informations- und Formpflichten im Internethandel. *MMR, 2012,* 438.

Rohrßen, B. (2021). Digitale Distribution in der EU – Digital Single Market: Neue Regeln im E-Commerce ab 2022. *ZVertriebsR, 2021,* 71.

Säcker, F. J. et al. (Hrsg.). (2019). *Münchener Kommentar zum Bürgerlichen Gesetzbuch* (Bd. 3, 8. Aufl.), Beck.

Säcker, F. J. et al. (Hrsg.). (2021). *Münchener Kommentar zum Bürgerlichen Gesetzbuch* (Bd. 1, 9. Aufl.), Beck.

Schmidt, K. (2006). Verbraucherbegriff und Verbrauchervertrag. *JuS, 2006,* 1.

Schürnbrand J., & Janal, R. (2018). *Examens-Repetitorium Verbraucherschutzrecht* (3. Aufl.), C.F. Müller Verlag.

Spindler, G. (2021). Umsetzung der Richtlinie über digitale Inhalte in das BGB. *MMR, 2021,* 451.

Spindler, G., & Schuster, F. (2019). *Recht der elektronischen Medien* (4. Aufl.), Beck.

Staudinger, J. (Hrsg.). (2020). *Eckpfeiler des Zivilrechts* (7. Aufl.), Schmidt.

Stiegler, S. (2020). Der elektronische Geschäftsverkehr mit Technologien des "Internet-of-Things". *MDR, 2020,* 1100.

Stiegler, S. (2021a). Der Online-Verbrauchsgüterkauf. *JA, 2021,* 624.

Stiegler, S. (2021b). Click & Collect: Anwendbarkeit des Verbraucher-Fernabsatzrechts? *JA, 2021,* 711.

Stiegler, S. (2021c). Das neue BGB-Verbrauchervertragsrecht. *Ad Legendum, 2021,* 277.

Stiegler, S. (2021d). Der Kündigungsbutton. *VuR, 2021,* 443.

Taeger, J., & Kremer, S. (2021). *Recht im E-Commerce und Internet* (2. Aufl.), Deutscher Fachverlag.

Weiß, J. (2021). Die Neuerungen durch die Umsetzung der Digitale-Inhalte-RL und der Warenkauf-RL. *ZVertriebsR, 2021,* 208.

Wertenbruch, J. (2020). Abgabe und Zugang von Willenserklärungen. *JuS, 2020,* 481.

Printed in the United States
by Baker & Taylor Publisher Services